부자가 되는
심리학

부자가 되는 심리학

Money Harmony

올리비아 멜란 · 셰리 크리스티 지음

박수철 옮김

솔트앤드

목차

보유하는 방법도 다르다 | 어떻게 투자하고 얼마나 위험을 감수하는가 | 자선 기부 방식
도 남녀는 다르다 | 전통적 역할 부담에 따른 스트레스 | 돈과 일에 대한 서로 다른 두려
움 | 차이에 대한 존중과 공감 | 여섯 번째 '머니 하모니' 과제, 역지사지를 통해 배우기

돈 문제가 있음에도 불구하고
삶의 조화를 이루는 경험

어린이와 돈을 주제로 한 책 『돈을 현명하게 쓰는 아이로 키우기 *Raising Money Smart Kids*』를 쓸 때였다. 나는 돈에 관한 태도에 영향을 주는 성격적 특징과 남녀 차이에 해박한 전문가를 찾고 싶었다. 그 당시 돈 문제를 다루는 심리치료 전문가인 올리비아 멜란의 명성을 익히 들어 알고 있었고, 그녀의 통찰력에 기대를 걸어보기로 했다.

심리학 용어를 구사하지 않으면서도 돈에 관한 심리적 문제에 접근하는 그녀의 방식은 인상적이었다. 돈을 대하는 사람들의 성향을 묘사할 때 그녀의 표현 방식(구두쇠와 낭비자, 혐오자와 축재자, 염려자와 기피자)은 이해하기 수월했고 적절했다. 뿐만 아니라 성향이 상반되는 남녀가 만나 생활하면서 충돌할 수밖에 없는 상황일 때 그녀가 제시하는 갈등 해결법은 지극히 상식적인 것에 입각한 자연스러운 처방이었다.

올리비아 멜란이 셰리 크리스티와 함께 쓴 이 책에는 멜란의 전문지식과 수천 명의 환자들을 상대하면서 터득한 임상 경험이 담겨 있다. 장담컨대 모든 독자들은 이 책을 읽고 크게 공감하는 부분이 있을 것이다. 유년기의 경험이 성인이 된 후 돈에 대한 태도에 미치는 영향, 그리고 긍정적이든 부정적이든 간에 그런 태도가 대인관계에 미치는 영향 등에서 특히 공감할 것이다.

돈 관리와 재정 안정에 관한 비법을 다루는 월간지《키플링어스 퍼스널 파이낸스*Kiplinger's Personal Finance*》의 편집장으로서 나는 특히 6장에 관심이 쏠렸다. 돈을 둘러싼 남녀의 차이를 말하는 부분인데, 멜란은 남성과 여성이 투자 측면에서 위험을 감수하는 정도가 어떻게 다른지 적나라하게 이야기한다.

이 책은 심리학을 심각하게 풀어낸 책이라기보다 쉽게 활용할 수 있는 셀프 테스트, 실생활 사례, 갈등을 해결하는 의사소통 방식 등으로 채워져 있는 사용자 친화적인 안내서이다.

아울러 이 책은 돈 문제를 둘러싸고 트러블을 겪고 있는 커플들이 관계를 회복하고 서로의 성향을 조화롭게 보듬을 수 있도록 격려한다. 커플이 서로 다른 태도를 보이며 점점 멀어지는 양극화 패턴을 보일 때는 '관계의 조화를 회복하는 데 필요한 수단'을 제공하기도 한다. 목표 설정을 다룬 11장chapter에서 멜란은 얼핏 모순되는 듯한 목표들이 "나중에는 상호 배타적이지 않을 것이다."라고 안심시키며, 커플이 접점을 찾아 합의하는 방식을 제시한다.

서로 다른 성향을 가진 커플이 서로의 심리적인 문제를 이해하고 재정 생활에 관한 문제가 있음에도 불구하고 삶의 조화를 이루는 경험, 즉 머니 하모니Money Harmony를 이루는 것이 이 책의 궁극적인 목표이다. 마지막 11장까지의 여정에 동참해 여러분도 가슴 가득히 넘치는 평화로움을 느껴보기를 기원한다.

자넷 보드나르

《키플링어스 퍼스널 파이낸스》편집장

돈 때문에 하고 싶은 그 일을 못하시나요?

대부분의 사람들은 돈 문제를 언급할 때 불편해한다. 내가 심리치료를 진행하면서 지켜본 의뢰인들은 돈에 관해 말할 때면 어김없이 이성을 잃고 심란해했다. 사실 그들은 재정적 문제보다 성생활이나 아동기의 정신적 트라우마를 언급할 때가 더 편해 보였다.

오래 전인 1980년대 초반으로 돌아가면, 돈은 확실히 심리치료실에서든 일상생활에서든 금기시됐던 것 같다. 그러나 안타깝게도 많은 사람들이 지금도 역시 돈을 금기시한다. 왜일까? 우리 문화에서 돈은 대체로 동전과 지폐의 차원을 훨씬 뛰어넘는 것이기 때문이다. 돈은 사랑, 힘, 안전, 독립, 통제력, 자존심 등에 관한 우리의 심층적인 감성과 관련이 있다. 그리고 우리는 드러나지 않은 채로 마음속 깊은 곳에 존재하는 정서적 짐을 지고 있다는 사실을 모르고, 돈을 둘러싼 싸움을 벌인다. 무엇을 가지고 싸우는지, 어떻게 해결할 수 있는지도 모른 채 말이다.

어른으로 성장하는 과정에서, 돈 이야기를 하면서도 갈등을 겪지 않는 모범적인 대화법을 배우는 사람은 드물다. 돈을 현명하게 사용하는 법을 배우는 사람도 역시 드물다. 반면 우리는 가장 멋지고, 새롭고 크고 빠른 '물건'을 사라고 다그치는 광고의 홍수 속에 살고 있다. 신용카드는, 차분하게 예산을 짜고 저축하는 대신 당장 욕구를 충족하라고 부추긴다. 그 결과가 바로 전국적으로 만연한 부채와 과소비 현상이다. 여러 주 정부는 물론이고 심지어 연방의회도 다음과 같은 메시지를 신봉한다. "지금 쓰고 나중에 갚아라."

이처럼 과소비의 유혹에 넘어가는 사람들도 있지만, 늘 돈을 모으거나 끊임없이 돈 문제를 걱정하는 사람들도 있다. 돈을 모으기만 하는 '구두쇠' 성향의 사람과 돈을 쓰기만 하는 '낭비자'가 만났다면 의견 대립은 불을 보듯 뻔하다. 한쪽은 푼돈까지 모으려고 할 것이고, 다른 쪽은 최소한 일부의 돈이라도 즐거운 구매 행위나 경험에 쓰고 싶을 것이다.

이것은 돈 문제를 둘러싼 갈등의 보편적인 유형이다. 사실 거의 모든 커플은 돈에 관해 상반된 태도와 행동을 취하는 경향이 있다. 한쪽은 돈을 모으는 것을 행복의 열쇠로 여기고, 다른 쪽은 그것을 타락이나 부패로 간주한다. 한쪽이 늘 돈 문제로 고민하면, 다른 쪽은 아예 돈 문제를 기피한다. 한쪽이 두 사람의 돈을 공동예금 계좌에 모두 예치하려고 하면, 다른 쪽은 적어도 일부 금액을 개별적으로 관리하고 싶어 한다. 한쪽이 투자 위험의 감수를 선호하면 다른 쪽은 그것을 두려워한다.

아마 당신 주위에도 이런 커플이 있을 것이다. 그렇지 않은가? 아마 당신도 이런 상황에 놓여 있을지 모른다. 그렇게 보면 돈이 부부 싸움의 주요 원인 중 하나인 것은 당연하다.

다행히도 나는 커플들의 서로 다른 양극화 패턴을 깨달은 후 의뢰인들을 더 잘 도울 수 있게 되었다. 자신의 배우자와 갈등이 발생하는 과정을 이해하고, 그것을 해결하는 방법을 발견함으로써 배우자와 목표를 공유하고 재정적 결정을 더 합리적으로 내릴 수 있도록 돕게 된 것이다.

내가 의뢰인을 돕기 위해 만든 워크북이 뉴욕 어느 출판사의 눈에 띄었고, 그 출판사의 요청으로 이 책의 초판을 집필하게 되었다. 그즈음에 금융 전문 저술가인 셰리 크리스티가 내게 인터뷰를 요청했다. 내가 커플들을 상대로 진행한 심리치료에 관해 다룬 그녀의 기사는 내가 지금까지 읽은 기사 중에 최고의 기사였다. 나는 차기작이었던 『과소비 극복하기*Overcoming overspending*』를 셰리 크리스티에게 함께 완성하면 어떻겠냐며 앞서 언급한 출판사에 제안했고, 다행히 긍정의 대답을 얻어냈다. 그녀의 금융 관련 전문지식에 내 아이디어와 심리치료 경험이 더해져 『과소비 극복하기』는 이상적인 협업의 결과물이 될 수 있었다. 1996년부터 지금까지 우리는 이 책의 개정판을 비롯해 다섯 권의 책을 함께 출판했다.

| 머니 씨와 원만하게 지내고 있는가

사람들이 돈에 대해 어떤 감정을 가지는지 알아보기 위해, 나는 '돈을 사람으로 여기라'고 주문한다. 개인 또는 커플이 돈을 둘러싼 일상생활에서 어떤 관계를 맺고 있는지 살펴보기 위한 장치다. 돈을 '머니 씨'라고 불러보자. 당신과 머니 씨의 관계는 어떤가? 원만한가? 아니면 소유욕이나 질투, 또는 근심이나 수치심으로 가득한가? 혹시 당신은 머니 씨와 적당한 거리를 두고 있는가?

다음의 질문을 잠시 생각해 보자. 돈과 관련해서 당신의 인간관계를 구체적으로 묘사해 본다면? 혹시 배우자 때문에 당신의 금전관이 변하고 있는가?

의외로 돈에 대해 불균형의 관계를 맺고 있는 사람들이 많다. 이를테면 돈을 모으기만 하거나 돈을 쓰기만 하는 경우다. 어느 한쪽으로 치우쳐 있는 그들은 내가 '머니 하모니Money Harmony'로 부르는 균형 상태로 돌아가야 한다.

이 시점에서 당신은 "재정 생활이 불균형한 까닭은 바로 내게 돈이 많지 않기 때문이다!"라고 말할지 모른다. 그러나 머니 하모니는 내면에서 비롯되는 상태를 말한다. 이미 균형이 무너진 상태라면 돈을 더 갖게 되더라도 상태는 더 악화될 수 있다. 무너져 있는 균형이 더 무너질 뿐이다. 예를 들어 과소비 성향의 소유자는 더 흥청망청 쓸 것이다. 강박적 저축 성향의 소유자는 더 무리해서 돈을 모을 것이다.

기피 성향의 소유자는 돈을 다루는 일을 훨씬 더 꺼리게 될 것이고, 염려 성향의 소유자는 돈 걱정에 더 시달리게 될 것이다. 지금보다 돈이 더 많아지든 적어지든 간에 내면의 머니 하모니가 이뤄져야만 비로소 삶의 만족감과 성취감을 느낄 수 있는 것이다.

다시 말하면 '머니 하모니'는 단지 금전 갈등의 해결에 기여하려는 철학이 아니다. 오늘날은 재정적인 불확실성이 어느 때보다 심각한 시대다. 여기에 성공적으로 대처하고자 하는 모든 사람들에게 있어야 할 심리적 평온의 상태가 바로 '머니 하모니'다. 안정적인 직장에서 월급을 받고 있어도 언제까지 지속될지 알 수 없지 않은가.

| '머니 하모니'에 다가가려면

대다수 사람들은 돈과 관련해 근심, 죄의식, 수치심, 비밀, 두려움 따위로 그늘져 있다. 총 11장으로 이뤄진 이 책의 내용을 꼼꼼하게 읽고 자기인식 테스트와 몇 가지 과제를 수행해 봄으로써 당신은 돈을 더 합리적으로, 그리고 더 자신감 있게 관리할 수 있는 통찰력을 배울 것이다. 배우자가 있는 사람은 배우자와 더 솔직하게 의사소통하는 방법도 배울 것이다. 그리고 배우자가 있든 없든 간에 돈을 둘러싼 자신의 사고방식과 행동양식을 인지하고 개선하는 데 도움이 될 것이다. 다음은 몇 가지 사례.

- 회사에서 능숙한 업무처리로 인정받았던 당신이 어느 날 갑자기 해고되었다고 가정해 보자. 아마 화나고 두렵고 우울할 것이다. 특히 당신이 '가족 부양 의무'를 당연시하는 사람이라면 더욱 그럴 것이다. 배우자와의 말다툼이 심해질 것이고, 아이들에게 자주 고함을 지를지도 모른다. '머니 하모니' 상태가 된다면 당신은 애꿎은 가족에게 화풀이하는 일 없이 그런 일시적 위기를 잘 극복하기 위해 필요한 방법, 즉 당면한 불행과 자존심을 구분하는 방법을 배울 것이다.

- 혹시 카드대금 지불이나 공과금 지불 같은 돈 관리 문제를 떠올리면 머리가 지끈지끈 아픈가? 이 책에 담긴 '인식 바꾸기 훈련'이 그런 기피 성향을 이해하고 극복하는 데 도움이 될 것이다.

- 혹시 과거의 경험으로 인한 상처가 현재의 돈 관리 방식에 악영향을 미치고 있지는 않은가? 이 책에는 과거사에 의해 좌우되지 않는, 더 건전한 태도와 행동양식을 익히는 방법이 담겨 있다.

- 배우자보다 더 많이 벌기 때문에 배우자와의 관계가 흔들린다고 가정해 보자. 최근 들어 이런 현상이 점점 많이 나타나고 있다. 특히 기존에 가족을 부양하던 자가 해고되어 이전보다 임금이 적은 일을 할 수밖에 없을 때 배우자와의 관계가 악화된다. 이 책은 그런 상황의 의미를 파악하고 대응책을 고안하는 데 보탬이 될 것이다.

| PART1 당신에게 돈은 어떤 의미입니까

1부에서는 당신이 돈을 다룰 때의 태도와 그에 얽힌 인간관계를 면밀히 탐색할 것이다. 1장에서는 우선 그 관계가 어떠한지 기본적인 장점과 단점을 평가하고, 당신이 돈을 대하는 성향을 테스트를 통해 확인할 것이다(낭비자, 구두쇠, 기피자 등). 2장에서는 당신의 현재 태도와 행동에 영향을 준 사람과 사건에 초점을 맞추면서 돈을 둘러싼 당신의 과거사를 돌이켜볼 것이다.

3장에서는 돈을 합리적으로 다루지 못하도록 방해하는 돈에 관한 잘못된 신념, '돈=사랑', '돈 = 힘' 같은 인식과 정면으로 마주할 것이다. 4장에서는 기존의 제약적 습관과 태도에서 벗어날 수 있는 '습관에서 벗어난 행동 연습하기' 과제를 통해 당신의 금전 성격 유형을 더 확실히 탐구할 것이다. 5장에서는 돈과의 대화를 작성하는 요령을 배울 것이다. 돈과의 대화를 시도해 보면 당신의 현재 위치가 어디인지, 그리고 당신이 돈과의 균형 관계를 이루기 위해 무엇을 해야 하는지 엄청난 정보를 얻을 수 있다.

| PART2 더 이상 돈 문제로 괴롭고 싶지 않습니다

2부에서는 재정 생활을 공유하는 커플에 초점을 맞춘다. 부모나 자식, 또는 사업 파트너와 갈등을 겪는 경우에도 유용한 정보가 될 것이다. 2부에서 당신은 배우자와의 역학관계에 대해 통찰할 수 있을 것이고, 갈등 해결 기법도 배울 것이다. 우선 6장에서는 관계 갈등을 유발시키는 남녀의 차이를 파헤칠 것이다. 7장에서는 구두쇠 대 낭비자, 설계자 대 몽상가, 염려자 대 기피자 같은 여러 가지 양극화 패턴을 탐구할 것이고, 당신과 배우자가 지속적인 줄다리기에 휘말릴 경우의 대처법을 배울 것이다. 8장에서는 당신과 배우자의 차이를 서로 인지하고 조화시키기 위해, 공격성은 배제한 채 긍정적인 상호 존중의 분위기를 조성하는 데 필요한 다양한 대화 기법을 배울 것이다.

9장에서는 '형식을 갖춘 머니토크moneytalk'를 배울 것이다. 이 돈과의 대화는 배우자의 금전적 과거사를 더 깊이 파악할 수 있고, 각자의 과거사를 배우자에게 털어놓을 수 있는 유익한 기법이다. 이것은 서로 더 가까워지면서 서로를 잘 이해할 수 있는 기회로 만들어줄 것이다. 10장에서는 당신과 배우자가 지금까지 해결에 어려움을 겪었던, 갈등을 일으키는 감정에 대해 형식을 갖춘 머니토크를 적용하는 방법을 배울 것이다. 끝으로 11장에서는 개인적 목표와 공동의 목표를 설정할 때 필요한 몇 가지 요긴한 지침을 살펴볼 것이다.

심리치료, 워크숍, 세미나 등에서 내가 만났던 의뢰인들의 사례를 들어보면, 난해한 금전적 문제와 씨름하고 해결하는 과정을 잘 살펴볼 수 있을 것이다. 다만 개인 정보 보호의 차원에서 의뢰인들의 이름과 일부 세부사항은 변경했음을 밝혀둔다.

| 심리상담사와 재무설계사를 위한 지침서

이 책은 의뢰인들의 재정적 갈등을 해결하도록 돕는 일을 하는 심리치료사들과 정신 건강 전문가들에게 유용한 지침이 될 수 있다. 만일 개인적으로 돈 문제에 시달리고 있는 심리치료사가 이 책을 읽었다면 아마도 처음으로 돈 문제를 편안하게 다룰 수 있겠다는 느낌이 들 것이다.

이 책을 읽은 재무설계사들은 사무실로 찾아온 부부 의뢰인들이 재정적 문제로 서로를 질책하는 이유를 더 쉽게 이해할 것이다. 그리고 매우 합리적인 재무설계를 제시받은 의뢰인이 갑자기 꿀 먹은 벙어리가 되거나 문밖으로 나가버리는 이유도 더 쉽게 이해할 것이다. 아울러 의뢰인들의 건전한 재정 의사결정을 방해하는 두려움, 그리고 여러 가지 감정적 문제의 해결을 위해 필요한 방법들을 발견할 수 있을 것이다.

| 이 책을 효과적으로 활용하는 법

- **1장부터 11장까지 순서대로 읽어라.** 빨리 '부부'의 돈 문제를 해결하고 싶은 나머지 1부를 건너뛰고 2부를 읽어서는 안 된다. 자신의 돈 문제를 먼저 살펴보지 않으면 배우자와의 의사소통이나

의사결정을 효과적으로 행하기 어려울 것이다.

- **이 책에 소개된 모든 테스트와 과제를 수행하라.** 이 책에서 우리가 제시하는 여러 질문과 과제에 대한 자신의 반응을 기록하기 바란다. 그러면 자신이 균형 상태에 얼마나 다가가고 있는지 쉽게 점검할 수 있다. 노트에 자신의 생각, 기분, 그리고 이전에는 미처 알지 못했던 자신의 심적 상태를 모두 기록하는 것이 가장 이상적이다. 그러나 기록으로 남기는 게 정 어렵다면 잠시 짬을 내어 테스트나 과제 수행 후 자신이 어떤 반응을 보였는지 머릿속으로 생각해 보라. 두려움 같은 비합리적 요소뿐 아니라 자신의 장점도 더 확실히 인식할 수 있다.

- **속도를 자신에 맞춰 조절하라.** 당신에게 또는 배우자에게 가장 알맞은 속도로 이 책을 읽어나가기 바란다. 평소 당신은 책을 차근차근 읽는 편인가? 아니면 큰 그림을 얼른 파악하기 위해 단번에 독파하는 편인가? 정해진 엄격한 규칙은 없다. 이 책의 내용을 가장 효과적으로 소화할 수 있는, 가장 적절한 방법을 스스로 선택하면 된다.

- **스트레스가 없을 때 읽어라.** 마음이 편안할 때 이 책을 읽거나 이 책의 내용에 대해 생각하기 바란다. 세금을 계산하거나 대금을 지불하거나 배우자와 지루한 말다툼을 하는 등 스트레스를 받을 때는 되도록 이 책을 멀리하라. 물론 스트레스를 받을 때 이 책을 읽어도 성과는 있겠지만, 효율이 떨어질 수밖에 없다. 스트

레스가 심한 상태에서는 새로운 지식을 흡수하기가 힘들다.

- **필요할 때는 잠시 숨을 돌리되 금방 돌아와라.** 이 책을 읽으면서 긴장감이나 불안감을 느낄 때 일단 심호흡을 하고, 그래도 압박감이 여전하면 휴식을 취하라. 하지만 시간을 정해놓고 책으로 되돌아와야 한다. 너무 오랫동안 책을 손에서 놓지 마라. 자칫 추진력을 잃을 우려가 있다.

- **정직하고 개방적인 태도를 유지하라.** 자신과 배우자에게 되도록 정직해야 한다. 개인적인 삶의 여정을 자세하게 배우자에게 털어놓을 때 자연스레 자신이 말할 수 있는 한계(또는 배우자의 한계)가 있음을 깨달을 것이다. 당신에게는 민감한 사안에 관해 말하지 않을 권리가 있다. 나중에 다시 시도할 준비가 될 때를 기약하라. 그러나 배우자에게 더 많이 털어놓을수록 배우자와 더 친밀해질 것이다. 스스로에게 더 정직할수록 머니 하모니 효과는 향상될 것이다.

- **새로운 행동 과제를 수행하고 자신의 반응을 살펴라.** 이 책에서는 새로운 금전적 태도와 행동양식을 익히기 위한 여러 과제를 수행할 것이다. 평소의 습관과는 다른 행동을 연습해 보는 것이다. '자연스럽게 느껴지지 않는 행동'을 수행할 때 자신이 어떤 반응을 보이는지 주목하고 기록하라. 당신 삶에 실질적인 변화를 가져오는 데 보탬이 될 것이다.

- **변화에 성공한 자신에게 보상을 제공하라.** 새롭고 낯선 행동을 무사

히 수행했다면 그것에 대한 보상을 제공하라. 다만 보상은 자신의 과거 습관을 강화하지 않는 것이어야 한다. 예를 들어 기존의 과소비 성향을 자제한 자신에게 과소비를 허락하는 보상을 해서는 안 된다.

- **자신에게 긍정적인 피드백을 제공하라.** 조화로운 심리 상태인 '머니 하모니'를 이루기 위해 몰두하고 있는 자신의 용기와 현재의 자기인식 수준을 칭찬하고 인정하라. 각 장의 마지막 부분에 도달하면 스스로를 격려하라. 틀림없이 자긍심을 높이고 긍정적 변화를 이루는 데 필요한 힘을 키울 수 있을 것이다. 자기인식 수준을 높이고 기존의 행위를 바꿀 수만 있다면 진정한 노력을 경주하는 자신을 아무리 칭찬해도 지나치지 않다.

- **인내심과 관대함을 유지하라.** '머니 하모니' 작업은 시간이 오래 걸리는 힘겨운 과정이다. 자신의 비합리적 행동을 스스로 인내하라. 판단을 유보하고 용서하는 태도를 견지하라. 이런 인내심과 관용적 자세를 배우자에게도 적용하라. 혼자든 둘이든 간에 현실적으로 모든 문제를 한꺼번에 해결할 수 없음을 기억하라. 가장 난감한 문제는 작은 덩어리로 나눠 접근하라.

- **유머 감각을 유지하라.** 돈에 관한 아픈 기억이나 경험이 있을지라도 돈을 균형감 있게 바라보도록 노력하라. 흔히 말하듯이 돈은 돈일 뿐이다. 머니 하모니 작업이 항상 힘겹고 괴로운 과정일 필요는 없다. 다소 가벼운 마음으로 임하고 자신의 단점에서 유머

를 발견하면 재미있는 과정이 될 수도 있다. 예를 들어 나는 낭비 성향이 있다는 사실을 스스로 상기하기 위해 패러디 노래를 만들기도 했다.

돈을 현명하게 다루는 방법에 관해 지금까지 내가 들은 가장 보편적인 법칙은 이것이다. "더 많이 저축하고, 더 적게 지출하라. 어리석은 짓을 절대 하지 마라." 재무설계 혁신가인 유한책임회사 워스리빙WorthLiving LLC의 딕 와그너Dick Wagner가 창안한 이 말은 참으로 탁월하다. 그러나 돈에 관한 균형 관계를 구축하면 또는 그런 방향으로 나아가면, 장담컨대 삶에서의 확신과 만족감이 비약적으로 커질 것이다. 이 책을 읽어나가다 보면 돈이 사랑, 힘, 안전, 또는 삶의 다른 만능열쇠가 아니라는 사실을 깨닫게 될 것이다. 돈은 그저 삶의 여정에서 당신을 도와주는 수단일 뿐이다. 돈을 사용할 때는 각자의 가치관과 도덕성이 반영되기 때문에 올바른 사용법을 배울 수 있어야 한다.

머니 하모니를 이루는 연습에 매진하라. 그러면 돈에 얽매이지 않을 것이고 자신감과 자긍심이, 당신의 상상을 뛰어넘는 다양한 방식으로 커질 것이다.

올리비아 멜란

Money Harmony

PART 1

당신에게 돈은
어떤 의미입니까

돈을 쓸 때, 그리고 카드 값을 결제할 때는 여러 가지 감정이 든다.
기쁨, 설레임, 갈망, 좌절, 박탈감, 불안, 스트레스……
그 사이에서 당신은 균형감을 유지할 수 있는가.

1장

자신을 먼저 파악하라

치유의 시작은 '나를 아는 것'부터

대다수 사람들은 돈에 대한 아주 강력한 느낌을 갖고 있다. 그렇다 보니 돈에 관한 합리적인 결정을 내리거나, 돈을 다루면서 조화로운 심리 상태를 유지하는 데 어려움을 느낀다.

어떤 사람들은 돈을 차곡차곡 모으는 반면, 어떤 사람들은 돈을 흥청망청 쓴다. 돈 문제에 늘 관심을 쏟는 사람들도 있지만, 돈 문제를 한사코 기피하려는 사람들도 있다. 어떤 사람들은 돈이 너무 많다며 죄의식을 느끼고, 어떤 사람들은 돈이 너무 없다며 수치심을 느낀다. 어떤 사람들은 돈 때문에 타락하거나 품위가 손상될까 봐 염려한다. 보수적인 투자자들도 있고, 위험 감수를 즐기는 사람들도 있으며, 아예 투자를 꺼리는 사람들도 있다. 어떤 사람들은 삶의 질에 영향을 미칠 정도로 돈 걱정에 시달리기도 한다. 그리고 막연히 떠오르는 재정적 불안감에 사로잡힌 사람들도 있다.

사실 돈에 관한 여러 가지 기분을 느끼거나 그 기분이 바뀌는 현상은 충분히 있을 수 있는 일이다. 예를 들면 오늘은 하루 종일 돈 문제로 괴로워하다가 내일은 아예 돈 걱정을 안 할 수도 있다. 그리고 몇 달 동안 검소하게 살다가 어느 날은 갑자기 돈을 흥청망청 쓸 수도 있다. 당신은 돈에 관해 어떤 느낌을 갖고 있는가? 당신은 돈을 어떻게 바라보고 있는가? 1장에서는 돈을 대하는 당신의 태도와 재정 생활, 그리고 당신의 금전 성향을 들여다보게 될 것이다. 그리고 자신의 상태를 인식하는 수준을 높임으로써 머니 하모니를 향해 중요한 첫걸음을 내딛을 것이다.

| 우선과제① 숨겨진 내 모습 발견하기

우선 2개의 목록을 작성해 보자. 첫째 목록에는 평소의 재정 생활에서 만족스럽거나 뿌듯하게 느끼는 부분 몇 가지를 구체적으로 적어라. 앞서 언급했듯이 노트에 기록하는 것이 가장 좋다. 사정이 여의치 않으면 적어도 잠시 동안 재정 생활의 어느 부분에 자부심을 느끼는지 생각해 보기 바란다.

예를 들면 다음과 같다.

- 먹고살기에 충분한 돈을 갖고 있다.
- 한 달 동안 지출한 돈을 매달 정산한다.
- 선물을 잘 나눠준다.
- 저축한 돈이 2천 500만 원 이상이다.

둘째 목록에는 평소의 재정 생활에서 불만스럽거나 부끄러운 부분 몇 가지를 구체적으로 적으면 된다.

예를 들면 다음과 같다.

- 가끔 흥청망청 쇼핑한다.
- 대금 지불을 미루는 편이다.
- 이따금 한 달 수입보다 많은 금액의 카드를 긁어낸다.

- 신용카드 대금을 제때 갚지 못할 때가 있다.
- 자신이나 사랑하는 사람들을 위해 선뜻 선물을 사지 못한다.

2개의 목록을 다 작성했는가? 둘 중 어느 목록이 작성하기 쉬웠는가? 긍정적인 느낌을 주는 첫째 목록인가? 아니면 부정적인 느낌을 주는 둘째 목록인가? 이 질문에 대한 대답은 당신이 먼저 어느 부분에 주의를 집중해야 하는지 결정할 것이다. 예를 들어 만일 부정적인 느낌이 머릿속을 떠나지 않거나 그쪽이 더 쉽게 떠올랐다면, 앞으로 긍정적 특성에 주목함으로써 더 많은 성장과 치유를 경험해야 할 것이다. 반면 부정적 특성을 경시하거나 부인하는 경향이 있었다면, 부정적 측면에 먼저 집중해야 할 것이다. 이때 자책할 필요는 없다. 완벽한 사람은 없는 법이니까.

올리비아가 진행한 워크숍의 많은 참가자들은 '관점 전환'이 치료적 가치를 준다는 사실을 깨닫곤 한다. 밀드레드라는 한 여성이 좋은 사례다. 밀드레드는 장단점을 평가하는 이 과제를 수행할 때 자신의 넉넉한 아량을 자랑스러워하는 편이었고, 자신의 단점에 주목하지 못했다. 하지만 '부정적' 목록을 작성하는 과정에서 본인이 결혼 생활의 압박감을 느낄 때마다 신용카드를 긁어댄다는 사실을 깨달았다. 덕분에 그녀는 반발적 분노에서 비롯된 과소비 습관을, 처음으로 바꿀 수 있겠다고 느꼈다.

아론이라는 이름의 60대 프리랜서 작가의 사례도 있다. 그는 아내와 딸들에게 늘 '인색하며 잔걱정을 계속하는 사람'으로 치부되는 점을 무척 수치스럽게 느꼈다. 돈과의 관계에 대한 아론의 느낌은 매우 부정적이었다. 그러나 '긍정적' 목록을 작성하면서 그는 자신의 구두쇠 성향 덕분에 평범한 수입에도 불구하고 집을 장만하고 두 딸을 대학교에 보낼 수 있었다는 사실을 깨닫고 놀라워했다. 그는 자신의 금전적 태도와 재정 생활을 새롭게 조명해 볼 수 있었고, 인색한 태도와 행동을 더 부드럽게 개선할 수 있겠다는 자신감을 느꼈다.

사람들은 자신에 대해 너무 부정적 느낌을 갖고 있으면 결코 변화하지 못한다. 장점을 확인해야 단점에 대처할 발판을 마련할 수 있다.

| 우선과제② 금전 성격 유형 테스트

우선과제 ①에서는 돈을 대하는 자신의 긍정적 측면과 부정적 측면을 평가하고, 두 개의 목록 중 어느 쪽이 작성하기 쉬운지 파악함으로써 돈 문제의 시작점을 확인할 수 있었다. 이제 본격적으로 금전 성격 유형을 알아보는 테스트로 넘어가보자.

이 테스트는 통계학적으로 유효한 조사가 아니라 한 사람의 지배적인 금전 성격 유형을 알아보는 방법일 뿐이다. 이 테스트를 통해 당신은 다섯 가지 금전 성격 유형(구두쇠, 낭비자, 혐오자, 기피자, 축재자) 중 어느 것에 가장 가까운지 알 수 있다. 여섯 번째 유형, 즉 염려자에 해당하는 사람은 이미 자신이 염려자임을 알고 있을 것이다. 이 테스트는 당신이 염려자 이외에 다른 금전 성격 유형도 갖고 있는지를 파악하기 위한 것이다. 각 유형에는 긍정적 특징과 부정적 특징이 모두 포함되어 있으며, 대다수 사람들은 단 하나의 성향이 아니라 여러 성향을 동시에 갖고 있다.

금전 성격 유형 테스트

다음에 제시된 20개 문항을 읽고 알맞은 답을 골라라. 자신을 정확하게 묘사하는 답이 없을 경우 가장 가까운 답을 선택하면 된다. 노트에 답을 기록하라.

1. 2천만 원이 갑자기 생긴다면 가장 먼저 하고 싶은 일은 무엇인가?

    a. 다른 사람들에게 줄 선물이나 내가 원하는 물건을 사겠다.

    b. 야금야금 축나는 일이 없도록 당장 안전한 곳에 보관하겠다.

    c. 마음이 안정될 때까지 결정을 미루겠다.

    d. 최대의 수익을 올릴 수 있는 투자 방법을 연구하겠다.

    e. 대부분의 금액을 자선단체 같은 곳에 기부하겠다.

2. 돈에 대해 어떻게 생각하는가?

    a. 내가 어떤 선택을 할 때 돈이 결코 영향을 미치지 않는다고 확신한다.

    b. 내게 기쁨을 주는 물건이나 경험에 돈을 쓰는 것을 즐긴다.

    c. 돈 문제를 많이 생각하고, 돈을 더 효율적으로 쓰는 전략을 세운다.

    d. 돈을 악착같이 움켜쥐며, 돈을 통해 얻는 안정감에 만족을 느낀다.

    e. 돈에 관해 생각하지 않으려고 애쓰고, 돈 문제는 저절로 해결되도록 내버려둔다.

3. 기본적인 재무 목표는 무엇인가?

    a. 노후에 돈 문제를 걱정하지 않도록 지금 돈을 많이 저축하는 것.

    b. 모르겠다.

    c. 원하는 모든 물건을 살 수 있을 만큼의 돈을 갖고 있는 것.

    d. 기본적인 필요를 충족시킬 만큼의 돈을 확보하고 나머지 돈은 남에게 나눠주는 것.

    e. 되도록 빨리 많은 돈을 버는 것.

4. 예산을 짜는 문제에 대해 어떻게 생각하는가?

    a. 지출하거나 저축할 돈을 더 많이 확보하는 방법을 자주 연구한다.

b. 예산에 따라 생활하는 점이 자랑스럽다.

c. 살림 규모가 워낙 간소해 예산 자체가 필요 없는 점에 만족한다.

d. 예산? 흥! 예산이라는 말만 들어도 진절머리가 난다.

e. 예산을 짜지 않는다. 예산 편성법도 알고 싶지 않다. 돈 문제는 저절로 해결됐으면 한다.

5. 지출에 대해 어떻게 생각하는가?

a. 뜻밖의 비용을 감당할 수 있을 만큼의 돈이 있으면 좋겠다.

b. 계속 돈을 많이 벌면서 저축할 수 있는 한, 그리고 순자산이 꾸준히 증가하는 한 돈을 즐겁게 쓰겠다.

c. 돈을 모으고 싶다. 돈을 쓰면 불안해진다.

d. 돈을 어디 쓰든 상관없다. 돈 문제 외에도 신경 쓸 일이 많다.

e. 돈을 쓰면 즐겁다. 버는 것보다 더 많이 쓰는 편이다.

6. 재무 기록 보관에 대해 어떻게 생각하는가?

a. 과거의 재무 기록을 통해 지금 얼마나 더 많은 돈을 갖고 있는지를 알면 뿌듯하다.

b. 어떤 기록을 보관해야 할지 잘 모르겠다.

c. 재무 기록을 꼼꼼하게 보관하기를 좋아한다.

d. 가끔씩 재무 기록을 되짚어 본다.

e. 재무 기록을 보관하지 않는다. 인생에는 그보다 더 중요한 일이 있다.

7. 저축에 대해 어떻게 생각하는가?

a. 저축의 필요성은 알지만, 저축을 하게 될 것 같지는 않다.

b. 저축을 정말 좋아한다. 저축은 많이 할수록 좋다!

c. 저축을 잘하지 못한다. 그래서 때때로 짜증이 난다.

d. 저축할 만큼의 충분한 돈이 있으면 기부할 것이다.

e. 저축은 자연스런 일이다. 정기적으로, 지속적으로 저축을 한다.

8. 돈을 빌리는 문제에 대해 어떻게 생각하는가?

a. 다시 갚기 어렵기 때문에 돈을 빌리지 않으려고 노력한다.

b. 거의 돈을 빌리지 않는다. 왜냐하면 항상 충분한 비상금을 확보하고 있기 때문이다.

c. 돈을 빌려도 상관없겠지만, 너무 많은 빚은 싫다.

d. 돈을 자주 빌려 썼지만, 늘 갚았다고 말할 수는 없다.

e. 빚이 싫다. 그리고 정말 필요할 때만 빌리겠다.

9. 돈을 빌려주는 문제에 대해 어떻게 생각하는가?

a. 나는 통이 아주 큰 사람이다. 그래서 빌려준 돈을 악착같이 돌려받으려고 하지 않는다.

b. 사람들은 내게 돈을 빌려 달라는 부탁을 하지 않는 편이다. 아마 내게는 여유자금이 없다고 생각하나 보다.

c. 남들에게 빌려줄 만한 여유자금이 있는지 잘 모르겠다.

d. 절대로 돈을 안 빌려주려고 하지만, 설령 빌려주면 상대가 갚을 때까지 초조할 것 같다.

e. 이자가 높고 제때 돌려받는다면 기꺼이 돈을 빌려주겠다.

10. 신용카드에 대해 어떻게 생각하는가?

a. 신용카드를 쓰기 싫다. 신용카드는 화를 불러올 것 같다.

b. 신용카드를 많이 사용한다. 하지만 대부분 최소한의 금액을 결제한다.

c. 빨리 갚을 수 있는 한 결제 금액이 많아져도 무방하다.

d. 신용카드 사용 금액을 보고 깜짝 놀랄 때가 많다.

e. 신용카드를 사용하지 않으려고 애쓰는 편이다. 되도록 직불카드나 현금으로 결제한다.

11. 만약 금전적 위기 상황을 맞이한다면?

a. 그간 충분한 액수의 돈을 모아뒀는지 잘 모르겠다. 따라서 그냥 잘 해결되기를 바랄 뿐이다.

b. 친구의 도움이나 물물교환 서비스를 이용할 수 있었으면 좋겠다.

c. 내 사전에 비상금이란 없다.

d. 상당한 액수의 비상금을 마련해 뒀지만, 충분할지 모르겠다.

e. 거의 모든 비상 상황에 대비해 충분한 금액을 저축해 뒀지만, 쓸 일이 없었으면 한다.

12. 세금 납부에 대해 어떻게 생각하는가?

a. 납부해야 할 세금의 액수를 볼 때마다 깜짝 놀란다.

b. 세금을 내려고 꾸준히 저축한다. 대체로 마감기한 전에 소득세 신고서를 제출한다.

   c. 세금을 내는 전 과정이 싫다. 그래서 되도록 요란을 떨지 않고 처리하려고 애쓴다.

   d. 언제나 신속하게 소득을 신고하고, 세금을 내기 위한 현금을 확보한다.

   e. 소득이 올라도 가능한 세금을 적게 내는 것에 자부심을 느낀다.

13. 내가 현재의 연소득에 전적으로 만족하기 위해서는 다음 요소가 필요하다.

   a. 내가 퇴직연금에 부담하는 금액에 대한 일정 비율의 금액을 불입해 주는 고용주.

   b. 현재 연봉의 최소한 2배에 해당하는 연봉.

   c. 더 많은 돈을 쓸 수 있다고 확신하지만, 얼마나 더 많은 돈을 쓸 수 있는지 전혀 모른다.

   d. 현재의 연소득에 만족한다. 돈이 더 많이 생기면 마음이 불편해질 것이다.

   e. 내가 월급을 몽땅 쓸 수 있도록 대금을 대납해 줄 수 있는 사람.

14. 투자에 대해 어떻게 생각하는가?

   a. 항상 배당금의 복리 효과를 통해 수익을 최대화한다.

   b. 만일 투자를 한다면 결정을 대행해 줄 사람을 원하게 될 것 같다.

   c. 예금증서 같은 보수적이고 안전한 종목에만 투자한다.

   d. 늘 대박을 터뜨릴 수 있는 큰 건수를 선호한다.

   e. 만일 투자를 한다면 사회적 책임감이 있는 기업만 고를 것이다.

15. 예산에 없는 물건을 정말 사고 싶을 때는?

   a. 예산은 무슨? 예산을 짜지 않아도 만사는 잘 풀릴 것이다.

   b. 구입해도 되는지 깊이 생각한 뒤에 쓴다.

   c. 돈이 있든 없든 간에 살 것이다.

   d. 내가 원하는 대부분의 물건은 비싸지 않기 때문에 충분히 살 수 있을 것이다(비록 나중에 후회할지 몰라도).

   e. 중요한 물건이라면 예산 내역을 수정하겠다. 중요하지 않은 물건이라면 없던 일로 하겠다.

16. 전반적인 돈 문제와 관련해 돈이란 다음과 같이 규정할 수 있다.

   a. 안전.

   b. 행복, 기쁨, 즐거움.

   c. 욕심, 그리고 아마도 타락.

d. 근심과 갈등의 뿌리.

e. 힘, 위신, 자유.

17. 다음과 같은 상황에서는 은행대출을 신청하겠다.

a. 휴가를 떠나고 싶을 때나 정말 원하는 물건을 사고 싶을 때.

b. 매우 긴급한 비상 상황이 닥쳤을 때만. 하지만 절대 돈을 빌리는 일이 없기 바란다.

c. 사업 같은 고수익 기회에 투자할 때.

d. 자동차나 집을 반드시 수리해야 할 때나 자녀의 대학 등록금을 내야 할 때.

e. 모르겠다.

18. 나는 돈 걱정을······.

a. 전혀 하지 않는다. 지구온난화처럼 더 중요한 문제가 있다.

b. 어느 정도 하지만, 되도록 많은 돈을 가질 수 있도록 최선을 다한다.

c. 끊임없이 한다. 돈 문제는 최대의 고민거리다.

d. 금전적 위기가 닥칠 때만 한다.

e. 무슨 걱정? 돈을 쓰면 즐겁기만 하다!

19. 미래에 대비하는 문제에 대해 어떻게 생각하는가?

a. 그간 저축을 잘하지 못했기 때문에 미래가 무척 걱정된다.

b. 그저 만사가 술술 풀리기를 기대할 뿐이다.

c. 많은 돈을 모으려고 계획 중이기 때문에 아마 미래도 무탈할 것이다.

d. 몇 년 동안 체계적으로 저축해 왔기 때문에 자신 있다.

e. 자기 삶의 변화가 돈보다 훨씬 중요하다고 생각한다.

20. 만약 10억 원짜리 복권에 당첨되면 나의 처음 반응은 다음과 같을 것 이다.

a. 무일푼인 사람들을 생각하면서 죄책감을 느낀다.

b. 미래가 보장되었기 때문에 안심한다.

c. 어찌할 바 모른다. 그 엄청난 돈을 어떻게 처리할지 모른다.

d. 어떻게 하면 당첨금을 잘 굴려 즐겁게 살까 궁리하기 시작한다.

e. 이제 내가 원하는 모든 것을 살 수 있다는 생각에 흥분을 감추지 못한다.

다음은 당신의 금전 성격 유형일 것으로 보이는 기호이다.

구＝구두쇠, **낭**＝낭비자, **혐**＝혐오자, **기**＝기피자, **축**＝축재자

(염려자에 해당하는 사람은 이 퀴즈 결과를 통해 제2, 제3의 금전 성격 유형도 확인할 수 있다.)

당신이 선택한 답 중에 구두쇠, 낭비자, 혐오자, 기피자, 축재자의 개수가 몇 개씩 있는지 확인하라. 당신의 답에서 가장 많이 등장한 기호가 다섯 가지 금전 성격 유형 중 가장 지배적인 금전 성격 유형이다.

1. a.낭 b.구 c.기 d.축 e.혐	11. a.기 b.혐 c.낭 d.축 e.구
2. a.혐 b.낭 c.축 d.구 e.기	12. a.기 b.구 c.혐 d.낭 e.축
3. a.구 b.기 c.낭 d.혐 e.축	13. a.구 b.축 c.기 d.혐 e.낭
4. a.축 b.구 c.혐 d.낭 e.기	14. a.축 b.기 c.구 d.낭 e.혐
5. a.기 b.축 c.구 d.혐 e.낭	15. a.기 b.구 c.낭 d.혐 e.축
6. a.축 b.기 c.구 d.낭 e.혐	16. a.구 b.낭 c.혐 d.기 e.축
7. a.기 b.축 c.낭 d.혐 e.구	17. a.낭 b.혐 c.축 d.구 e.기
8. a.기 b.구 c.축 d.낭 e.혐	18. a.혐 b.축 c.구 d.기 e.낭
9. a.낭 b.혐 c.기 d.구 e.축	19. a.낭 b.기 c.축 d.구 e.혐
10. a.혐 b.낭 c.축 d.기 e.구	20. a.혐 b.구 c.기 d.축 e.낭

| 당신은 어떤 유형인가

구두쇠 : 당신은 늘 돈을 끌어안으려고 하고, 필요한 것을 마련하기 위한 예산 짜기를 좋아한다. 아마 자신과 사랑하는 사람들을 위해 사치 품목을 사거나 당장의 즐거움을 위해 돈을 쓰기가 어려울 것이다. 당신에게 돈은 '안전'을 의미한다.

낭비자 : 당신은 자신에게 행복감을 선사하는 모든 것을 사기 위해 돈을 쓸 것이다. 장기적 목표를 위한 저축하기, 예산 짜기, 당장의 만족을 유보하기 따위를 어려워할 수 있다. 당신에게 돈은 '행복'이나 '기쁨'과 같다.

혐오자 : 당신은 돈을 타락으로 여기고, 돈을 너무 많이 갖지 않으려고 애쓴다. 갑자기 거액이 생기면 죄의식과 심적 갈등을 느낄 것이다. 당신에게 돈은 마수魔手의 손길이다.

기피자 : 당신은 카드대금 정산이나 지출 우선순위 결정 같은 금전적 과제를 꺼리는 경향이 있다. 돈을 다루는 일에 부담을 느끼거나 소질이 없을 것이다. 당신에게 돈은 이해할 수 없거나 이해하기 싫은 수수께끼다.

축재자 : 당신은 거금을 갖고 싶어 하고, 자산 규모가 계속 커지기를 바란다. 그 때문에 자기 삶을 충분히 즐기지 못할 수도 있고, 금전적 관계가 아닌 것들은 경시할 수도 있다. 당신에게 돈은 '위신', '힘', '성공'을 의미하고, 심지어 '자존심'을 뜻할 수도 있다.

염려자 : 당신은 걸핏하면 돈 걱정을 한다. 따라서 마음의 평화를 누리기 힘들 정도이다. 당신에게 돈은 '근심'일 뿐이다.

이외에도 통합자Money Mergers와 분리자Money Separatists, 설계자와 몽상가, 위험 감수자와 위험 기피자 같은 금전 성격 유형도 있다. 그러나 자신의 금전 성격 유형을 제대로 파악하기 위해서는 여기서 설명한 여섯 가지 유형을 먼저 이해하는 것이 급선무다.

| 우선과제③ 문제를 일으키는 금전 성격 유형

각 금전 성격 유형의 세부사항은 4장에서 살펴보기로 하겠다. 여기서는 몇 분만 짬을 내어 다음 질문에 답해 보기 바란다.

1. 당신은 어떤 금전 성격 유형에 해당하는가?(복수 가능)
2. 자신의 금전 성격 유형 때문에 일상생활이나 배우자와의 관계에 어려움이 발생하는가?
3. 당신이 돈을 대하는 성향을 감안할 때 재정 생활에서 어떤 식으로든 바꾸고 싶은 점이 있는가? 있다면 한두 가지 정도로 말해 보라. 이 한두 가지 점이 반드시 행동이나 행위일 필요는 없다. 느낌이나 태도도 무방하다.

3번 질문에 대해 답변을 쉽게 하지 못하는 사람은 다음 보기를 참고하기 바란다.

나는 다음과 같이 하고 싶다⋯⋯

- 물건을 흥청망청 사지 않겠다.
- 은퇴 이후를 대비해 저축을 시작하겠다.
- 금전 문제를 너무 심하게 고민하지 않겠다.
- 필요한 물건을 사더라도 죄의식을 느끼지 않겠다.
- 나와 가족이 더 나은 삶을 살 수 있도록 돈을 더 많이 벌고자 계속 노력하겠다.
- 내가 돈을 어디에 쓰는지에 더 신경 쓰겠다.
- 돈을 너무 많이 번다고 부끄러워하지 않겠다.
- 대금 지불과 공과금 납부를 미루지 않겠다.
- 돈을 더 많이 벌지 못한다고 실망하지 않겠다.

이 간단한 세 가지 질문에 답하고, 자신의 금전 성격 유형에서 드러나는 불균형 문제를 살펴본 사람은 이제 균형 잡힌 재정 생활을 누리기 위해 취할 수 있는 것들을 고민할 준비를 갖추었다고 볼 수 있다.

| 첫 번째 '머니 하모니' 과제 안 하던 것 해보기

1주일에 한 번, 돈 관리에 대한 자신감을 향상시킬 수 있는 행동을 하나씩 수행하라. 구체적인 행동일수록 좋다. 다음에 나오는 몇 가지 보기를 참고해 각자 자신에게 알맞은 과제를 수행하면 된다.

구두쇠용 과제

- 자신에게 줄 선물에 2만 5천 원을 쓰겠다.
- 매주 예산을 살펴보지는 않겠다.

낭비자용 과제

- 이번 주에 보통예금 계좌에 2만 원을 예금하겠다.
- 이번 주에는 예정에 없던 물건을 절대 사지 않겠다.

혐오자용 과제

- 평소 갖고 싶었던 물건을 사겠다.
- 나를 위해 쓰든 남을 위해 쓰든 간에 돈을 쓸 수 있는 방법의 목록을 만들겠다.

기피자용 과제

- 이번 주에 내가 돈을 쓰는 용처를 꼼꼼히 기록하겠다.
- 매월 20일에(다른 날짜도 무방하다) 카드대금을 정산하고 공과금을 납부하겠다.

축재자용 과제

- 이번 주에는 투자 상황을 한 번만 점검하겠다.
- 이번 주에는 도서관에 가는 것이나 공원에서 점심 도시락을 먹는 것 같은 돈과 무관한 행동을 하겠다.

염려자용 과제

(앞의 테스트에는 포함되어 있지 않지만 당신은 이미 자신의 정체를 알고 있을 것이다.)

- 돈에 관한 걱정이 극에 달했을 때 무엇을 걱정하고 있는지, 최악의 상황에 어떻게 대처할지 적어 놓겠다.
- 이번 주에는 정신적 안정을 취하면서 고민을 떨쳐버리도록 애쓰겠다.

이 과제를 수행한 뒤 자신의 반응을 꼭 스스로 살펴보기 바란다. 예를 들면 혐오자는 '이기적인' 욕구를 충족할 때의 기분이 어떤지 기록하면 된다. 그리고 새로운 행동을 수행한 자신에게 보상을 해주고, 첫발을 멋지게 내디딘 점을 칭찬하라. 이런 '습관에서 벗어난 행동 연습하기'는 지금까지 한 번도 갖지 못했던 정신적인 힘과 자존심 강화에 보탬이 될 것이다.

2장에서는 돈에 얽힌 당신의 인생사를 살펴보고, 과거 경험에 따른 정서적 부담을 덜어내는 방법을 배울 것이다. 과거가 현재에 미치는 영향을 이해하면 더 나은 미래에 한걸음 더 가까이 다가갈 수 있다.

어릴 적 돈에 관한 기억

지금도 강렬하게 남아 있는 돈에 관한 트라우마

2장에서는 유년기의 경험을 비롯해 당신의 금전 성격 유형에 영향을 준 여러 가지 요인을 살펴볼 것이다. 우선 가족 구성원, 돈을 둘러싼 가족사, 가정환경, 집안의 전통, 종교적 훈육, 또래의 압력, 사회적 의사소통 등에 관한 기억을 더듬어볼 필요가 있다. 일련의 과제를 수행하다 보면 과거에 접했던 금전적 메시지가 어떻게 현재에 잘못된 정보를 주는지 스스로 알아차릴 수 있을 것이다.

재정 생활에 대한 과거의 경험을 살펴보는 것으로, 자신을 속박하는 강렬한 목소리로부터 점점 벗어날 수 있다. 그러고 나면 돈에 얽힌 사람들과의 관계에서 자신만의 가치관을 반영시킨 새로운 관계를 만들어갈 수 있을 것이다. 결과적으로 과도한 부담을 느끼지 않고도 배우자를 대할 수 있다. 아니면, 최소한 부담의 정체를 파악함으로써 그것을 더 수월하게 덜어버릴 수 있다.

| 가족끼리 돈 얘기하는 거 아니다?

머니 하모니를 주제로 하는 세미나에서 올리비아 멜란은 '대부분의 사람들이 돈 문제에 대해 전혀 말하지 않는 가정에서 성장한다'는 사실을 가장 먼저 지적한다. 좀 더 정확히 표현하자면 '합리적이고 유익한 방식으로' 돈 문제를 언급하지 않는다. 이때 '합리적이고 유익한 방식으로'라는 수식어를 덧붙이기 전에 누군가는 꼭 반론을 제기한다.

"우리 집에서는 늘 돈 얘기를 했는걸요."

이러한 이의제기에 확신을 더하기 위해 사람들은 보통 다음과 같은 말을 추가한다. "우리 아버지는 돈이 모자란 것을 항상 걱정했고, 돈을 너무 많이 쓴다며 엄마에게 소리를 질렀습니다."

하지만 그 사람이 가리키는 것은 우리가 의미하는 '돈에 관한 이야기'와 다르다. 아이들은 집안의 경제 상황을 정확하게 이해하기 어렵다. 또한 아이들이 저축의 가치에 관해 지속적이고 객관적으로 교육을 받는 경우도 드물다. 돈을 자존심의 척도로, 힘과 통제력을 행사하는 수단으로, 또는 어떤 박탈감에 대한 보상으로 활용하는 사람들이 많다는 점을 알고 있는 경우도 드물다.

결과적으로 많은 사람들은 자신에게 적합한 현실적인 견해를 갖지 못하고, 자기도 모르는 사이에 부모의 금전적 태도와 행동방식을 그대로 따라한다. 또는 어떤 사람들은 부모의 태도와 행동에 강력한 반기를 들면서 절대로 부모님처럼 살지 않겠다고 맹세한다. "아빠처럼 돈, 돈, 돈, 걱정만 하며 살지 않을 거야." "엄마처럼 대책 없이 펑펑 쓰다가 나중에 괴로워하면서 살기 싫어."라는 식이다. 부모의 태도와 행동을 답습하는 사람이든 거기에 반대하는 사람이든 간에 자신만의 고유한 가치관과 도덕성이 반영된, 돈과 관련한 독자적 관계를 구축하기는 어렵다.

부모의 경제관념을 답습하는 아이들

부모의 금전 성격 유형이 대물림된다

올리비아의 어릴 적 경험은 부모의 금전 성격 유형을 그대로 받아들이는 아이들의 예를 전형적으로 보여준다. 그녀의 경험담을 들어보자.

"아버지는 돈 때문에 걱정을 많이 하는 편이었다. 내가 어렸을 때 어머니는 집안일만 했고, 그래서 외로움과 우울감을 자주 느꼈다. 쇼핑은 어머니가 내적 공허함을 채우기 위한 수단이었다. 쇼핑은 어머니에게 일종의 보상이었고, 어머니가 사준 옷은 나에 대한 애정의 표현이었다.

폭발형 구매 행위에 죄책감을 느낀 어머니는 새로 산 옷을 거실 의자 뒤에 숨겨뒀다가 아버지가 기분 좋을 때 꺼내곤 했다. 어머니는 아버지 앞에서 새 옷을 입은 모습을 보여준 뒤에야 비로소 마음놓고 옷장에 넣었다.

늘 그렇게 반복되는 장면은 약간 우습게 보였다. 어른이 되어 남편의 수입에 버금가는 돈을 벌게 되었을 때, 내가 아버지의 돈 걱정과 어머니의 쇼핑중독을 그대로 재연하고 있음을 깨달았다. 나는 기분이 좋아진 남편의 승낙이 떨어질 때까지 새 옷을 자동차 트렁크에 숨겨뒀다(거실 의자 뒤에 숨긴 어머니처럼). 가격이 비싸지도 않았고, 심지어 내가 벌어서 내가 쓰는데도 그랬다. 사람들의 돈에 관한 인식을 알아보는 작업에 들어가기 전까지 내가 아버지와 어머니의 금전 성격 유형 사이를 오간다는 사실을 스스로는 전혀 모르고 있었다."

대담 프로그램에서 올리비아와 만난 어느 여성('이르마'라 부르겠다)은 올리비아와는 전혀 다른 반응을 보인 사례였다. 이르마의 아버지는 대공황의 여파에 크게 영향을 받았다. 이르마를 키우면서 그는 매주 용돈 씀씀이를 검사했다. 이르마는 아버지 같은 염려자나 구두쇠가 되지는 않겠다고 결심했고, 결국 그녀는 돈 관리의 책임을 기피하는 과소비자가 되었다. 그녀는 절대로 누군가가 자신을 돈으로 통제하지 못하게 하겠노라 맹세했다. 훗날 남편이 부부의 공동 수표책을 결산하겠다며 수표 기입장을 달라고 부탁했을 때 이르마는 남편이 자신을 통제하려 한다며 불만을 표시했다.

'남편은 아버지가 아니다'라는 점을 깨닫기까지는 얼마간의 대화가 필요했다. 올리비아의 도움으로 이르마는 자신의 상처를 드러내지 않으면서 남편에게 필요한 정보를 제공하는 법을 배웠다.

이르마처럼 돈과 관련해서 관계를 거북하게 만드는 여러 의뢰인들을 상대하면서 올리비아는 자신의 쇼핑중독 성향을 파악했고, 그것을 개선하기 위한 단계를 밟기 시작했다. 그녀의 말을 들어보자. "물건을 숨긴 엄마의 모습을 답습하던 내 자신이 얼마나 우스운지 깨달은 덕분에 나는 더 이상 그렇게 하지 않았고, 남편을 믿고 쇼핑중독증을 고치기 위해 함께 노력할 수 있었다." 돈에 관한 유년기의 맹세나 무의식적으로 받아들인 메시지의 의미를 어느 정도 이해하면, 자신을 좋지 못한 상태로 이끄는 현재의 고질적 태도에서 탈피하는 데

유년기의 맹세①

큰 도움을 받을 수 있다.

| 과거사 찾기① 가족들이 돈을 대하는 태도

자, 이제 당신의 기억 속으로 들어가보자. 당신이 성장하는 과정에서 가족들은 돈을 어떤 식으로 다루었는가? 기억나는 내용을 노트에 기록해 보자. 적을 만한 상황이 아니라면 다음 질문을 참고해 최소한 잠시 동안이라도 기억을 더듬어보기 바란다.

- 돈에 대한 아버지의 태도는 어땠는가? 아버지는 돈을 어떻게 다뤘는가? 아버지는 본인의 일에 만족했는가? 아버지의 수입은 어느 정도였는가? 돈 문제로 아버지와 소통한 기억이 있는가? 소통의 내용은 구체적으로 어떤 것이었는가?
- 어머니는 돈을 잘 다루었는지 생각해 보자. 혹시 인상적으로 기억에 남은 부분이 있는가? 전업주부였든 아니었든 간에 돈 문제와 관련해 어머니는 본인의 역할을 어떻게 바라봤는가? 돈 문제로 어머니와 소통한 기억이 있는가? 소통의 내용은 구체적으로 어떤 것이었는가?
- 어머니는 아버지가 돈을 다루는 방식을 어떻게 생각했는가? 아버지는 어머니의 돈에 대한 태도를 어떻게 바라봤는가? 두 사람

50

유년기의 맹세②

은 서로의 태도에 관해 대화를 나눴는가? 두 사람의 의견은 일치했는가? 일치하지 않았는가? 아니면 서로 다퉜는가?

- 당신에게 형제자매가 있다면 당신의 부모는 돈 문제에 있어 모든 자녀를 동등하게 대했는가? 만약 그렇지 않았다면 그 점은 당신에게 어떤 영향을 줬는가?

- 현재 당신의 형제자매는 돈에 대해 어떤 태도를 보이는가? 그들의 태도는 당신의 태도와 비슷한가? 다른가?(여기에는 기질적 차이가 작용할 수 있다)

- 친척들이 당신의 금전관에 영향을 미쳤는가?(할아버지, 할머니, 큰아버지, 큰어머니, 작은아버지, 작은어머니, 외숙모, 외삼촌, 고모, 고모부, 이모, 이모부, 사촌 등을 떠올려보자.) 만일 그렇다면 어떤 식으로 영향을 미쳤는가? 현재는 어떤 식으로 영향을 미치고 있다고 생각하는가?

| 과거사 찾기② 가족을 둘러싼 경제 상황

일반적으로 가족 구성원 사이에서 경제 상황에 관한 직접적이고 공개적인 대화를 하는 경우는 드물다. 반면 경제 상황을 둘러싼 막연한 불안감과 초조감이 조성되는 경우는 많다. 결과적으로 아이들은 다양한 심리적 타격을 입고, 심지어 그로 인한 심각한 근심에 빠지는 경우도 있다.

레너드의 경험담이 전형적인 사례다. 어느 라디오 프로그램에서 올리비아는 유년기의 돈과 관련한 정신적 트라우마를 이겨낼 만큼 성숙한 사람은 그 악마를 다시 만나는 것이 중요하다고 말하고 있었다. 그런데 때마침 56세의 청취자가 전화로 놀라운 경험담을 들려줬다. 그 청취자가 바로 레너드였다. 그의 사연은 다음과 같았다.

"어릴 적에 내가 어머니의 식당에서 일할 때 늘 어머니는 우리 집이 파산하기 일보 직전이라고 말했다. 깜짝 놀란 나는 파산을 모면하는 데 보탬이 되고자 주말에도 밤낮으로 일했다. 나는 깊은 근심에 빠졌고, 결국 말까지 더듬게 되었다. 몇십 년 뒤 어머니가 '그 옛날 식당 일을 할 때는 돈을 아주 많이 벌었다'며 어릴 적 이야기를 꺼냈다. 나는 흥분을 억누르지 못했다. 실제로는 경제 위기 상황이 아닌데도 늘 돈 걱정에 시달렸던 그 시절이 원통했다. 급기야 나는 어머니에게 소리를 지르기 시작했다. 평생 어머니에게 그토록 심하게 고함을 지른 적이 없었다. 그런데 그렇게 한바탕 소리를 지르고 나니 놀랍게도 말더듬이 증상이 말끔히 사라졌다."

레너드의 사연은 심리치료사들이 꿈꾸는 가장 이상적인 사례다. 한 번의 카타르시스와 완벽한 증상의 해소! 혹시 당신에게도 레너드와 비슷한 사연이 있는가? 가족의 경제 상황을 전혀 엉뚱하게 이해하거나 아예 모른 채 생활한 기억 말이다. 이제 다음의 질문을 통해 기억을 더듬어보자.

- 자라면서 가정의 경제 상황에 관해 구체적으로 들은 적이 있는가? 만약 없다면 혹시 집이 가난하거나, 비교적 풍족하거나, 아주 부유하거나 하는 느낌은 들었는가? 친구 집이나 이웃집의 형편과 비교해 당신 가정의 경제 상황은 어땠는가?
- 집안 형편을 알게 되었을 때 어떻게 반응했는가? 가정 형편을 안 것(또는 모른 것)이 어떤 식으로든 지금까지 당신에게 영향을 미쳤다고 보는가?
- 남들보다 집안 형편이 나쁘다고 여기면서 수치심을 느낀 적이 있는가? 또는 집안 형편이 아주 좋은 점에 죄책감을 느낀 적이 있는가?
- 아버지와 어머니는 돈 걱정을 했는가? 둘 중 누가 돈 걱정을 했는가? 아니면 두 사람 모두? 부모님은 당신이 보는 앞에서 걱정과 염려를 드러냈는가? 아니면 문을 닫고 몰래 걱정을 했는가? 부모님의 걱정이 당신에게 어떤 영향을 미쳤는가?
- 당신 가정에 혹시 비밀스러운 돈 문제가 있는 것으로 보였는가? 만일 그렇다면 그때 어떤 기분이 들었는가? 아버지와 어머니의 금전적 비밀을 발견한 적이 있는가? 만일 그렇다면 그때 어떻게 반응했는가?
- 자라면서 집안 형편을 전혀 엉뚱하게 파악하고 있다는 사실을 깨달은 적 있는가? 만일 그렇다면 진실을 언제, 어떻게 파악했는가? 그때 당신은 어떤 반응을 보였는가? 그런 엉터리 같은 상

황 인식이 당신의 유년기에, 그리고 현재 생활에 영향을 미쳤다
고 생각하는가?

아이들이 자기 집의 경제 상황을 모르면 간혹 부모가 골머리를 앓
을 때가 있다. 헨리라는 어느 가장의 사례를 살펴보자.

10대 청소년인 두 자녀들은 끊임없이 헨리에게 돈을 달라고 졸라
댔다. 그가 이제는 용돈을 많이 줄 형편이 아니라고 말하자 아이들은
불평을 쏟아냈다. 그 문제로 스트레스가 심해진 그는 급기야 자신이
근무하는 해군 기지의 재무상담사에게 도움을 구했다. 재무상담사는
헨리가 돈을 현명하게 다루고 있다고 평가했고, 자녀와의 문제를 해
결할 간단한 방법을 알려줬다. 재무상담사는 그에게 월급 전액을 1달
러 지폐로 바꾼 뒤 가족회의를 열어 아이들이 보는 앞에서 납기가
다가온 대금을 일일이 계산해 그에 따라 지폐를 분류해 보라고 권
했다.

일주일 뒤, 헨리는 귀에 입이 걸린 채 재무상담사를 다시 찾아왔다.
"정말 놀라운 일이 일어났습니다. 열세 살, 열다섯 살인 우리 아이들
이 그간 속을 썩여 죄송하다며 용서를 구했고, 아르바이트 자리를
알아보겠답니다." 그 극적인 반전은 헨리가 자녀들에게 현재의 경제
상황에 관한 구체적인 정보를 제공했기 때문에 가능한 것이었다.

이 방법이 10대 청소년에게는 효과가 있었지만, 그보다 훨씬 어린
아이들에게는 전혀 효과가 없을 수도 있다. 다만 관건은 부모가 기꺼

이 자녀에게 집안 형편에 관한 명확하고 객관적인 정보를 알려줄 때 부모와 자녀가 적군이 아닌 아군이 될 수 있다는 점이다.

| 과거사 찾기③ 용돈에 관한 기억

용돈을 다루는 방식은 각 가정마다 차이가 있고, 어떤 방식은 아이들에게 지대한 영향을 미칠 수 있다.

용돈 없음: 일부 가정에서는 아이들이 용돈을 전혀 받지 못한다. 따라서 성인이 될 때까지 돈을 다루는 방법을 전혀 배우지 못한다.
무한한 용돈: 어떤 아이들은 자기가 원하는 모든 것을 부모로부터 얻어낸다. 따라서 돈은 필요할 때는 언제나 있다고 여기게 된다. 하지만 성인이 되었을 때 이런 아이들은 돈이 언제나 넘쳐나지는 않는다는 사실을 깨닫고 당황한다.
조건부 용돈: 어떤 아이들은 어떻게 돈을 쓸 것인지 허락을 받고 제한적으로 용돈을 받는다. 따라서 아이들은 그 돈이 결코 자기 것이 아니라고 느낀다. 이런 아이들은 부모의 엄격한 태도를 원망하는 경향이 있다. 특히 마음대로 용돈을 쓸 수 있는 친구들을 볼 때 원망의 강도가 커진다. 제한적으로 용돈을 받는 어떤 아이들은, 부모가 자기를 현명한 선택을 할 수 있는 존재로 여기지 않는다고 생

각한다. 이런 아이들은 어른이 돼도 여전히 자신은 금전 측면에서 남들에게 신뢰받지 못한다고 생각할 수 있다.

성적별 용돈: 어떤 아이들은 성적에 따라 용돈을 받는다. 하지만 이 방식은 아이들에게 압박감을 일으킨다. 아이들은 공부를 잘해야 하는 유일한 이유가 용돈을 벌기 위한 것이라고 생각하게 된다.

특별 용돈: 어릴 적에 집안일을 돕고 용돈을 받았던 어떤 사람은 훗날 자기 아내로부터 집안일을 전혀 돕지 않는다는 불평을 들어야 했다. 그가 곰곰이 생각해 보니 자기가 아내를 돕지 않은 까닭은 보상이 없었기 때문이었다.

목적에 따라 배정된 용돈: 어떤 부모들은 아이들에게 용돈을 서로 다른 색깔의 항아리에 보관하도록 시킨다. 예를 들어 첫째 항아리에는 평소 쓸 돈을, 둘째 항아리에는 원하는 물건을 사려고 모으는 돈을, 셋째 항아리에는 자기가 고른 회사에 투자할 돈을, 넷째 항아리에는 자선 기부금을 넣어둔다. 돈은 단지 지출하는 것만이 아니라 미래를 위해 투자할 수도 있고, 남들과 나눌 수도 있다는 점을 가르쳐주는 이 방법은 아이들이 미래를 위해 당장의 만족을 미루는 요령을 배우기에 훌륭한 방법이다(우리가 가장 선호하는 부모의 용돈 전략이다).

이제 당신의 경험에 눈길을 돌려보자. 어렸을 때 용돈을 받았다면 다음의 질문에 답해 보기 바란다.

- 용돈을 받기 위해 꼭 해야 하는 일이 있었는가? 용돈을 꾸준히 받았는가?

- 몇 살 때부터 용돈을 받기 시작했는가? 용돈을 얼마씩 받았는가? 친구들의 용돈 액수보다 많았는가? 적었는가?

- 부모에게 용돈을 뺏긴 적이 있는가? 그렇다면 무슨 이유로?

- 용돈을 어디에 썼는지 말하라고 부모가 요구한 적이 있는가?

- 당신은 부모의 용돈 관리 방식을 어떻게 바라봤는가? 부모의 용돈 관리 방식이 당신의 경제 관념에 어떤 영향을 미쳤는가?

| 과거사 찾기④ 돈과 일을 둘러싼 집안의 전통

켄은 미술대학원을 다닐 때 극심한 불안 증세를 겪었다. 그는 집안 최초의 대졸자였을 뿐 아니라 최초의 예술가이기도 했다. 심리치료를 받기 시작하면서 비로소 켄은 그 불안 증세가 바로 가족을 부양하기 위해 대학을 중퇴한 아버지 때문에 생긴, 일종의 '생존자 죄책감'임을 깨달았다.

몇 달 동안 심리치료를 받은 뒤 켄에게는 본인이 선택한 길에 대한 자부심, 내면의 목소리에 대한 확신, 과감한 선택에 대해 가족과 얘기할 수 있는 자신감이 생겨나기 시작했다. 마침내 그는 아버지에게 허락을 얻었고, 계속 꿈을 향해 나아갈 수 있었다. 그가 그토록 갈망했던 아버지의 지원 덕분에 켄은 과감히 예술가로서의 길을 걸을 수 있었다.

켄은 집안의 전통과 이별을 고했지만, 가업을 이어받거나 부모와 똑같은 직업을 선택함으로써 집안의 전통을 따르고 있는 사람도 있을 것이다. 아마 당신은 가족 중에 성공한 사람이 걸어간 길을 따르고 있을지도 모른다(예를 들면 저명한 의사인 아버지, 일류 사업가인 어머니, 훈장을 받은 육군 장교인 누나). 다음 질문을 통해 이 문제에 좀 더 깊이 들어가 보자.

- 직업이나 자선 활동의 측면에서 집안의 전통을 따르고 있는가? 집안의 전통을 고수하는 것이 당신에게 이로운가? 만일 그렇지 않다면 당신이 전통과 이별을 고하지 못하는 걸림돌은 무엇인가?

- 가족 중의 누군가처럼 성공하거나 부유해져야 한다는 압박감을 느끼는가? 그 사람과 비슷한 분야로 진출해야 한다고 생각하는가? 아니면 그 사람과 경쟁하지 않기 위해 그 분야를 회피하고 싶은가? 그 사람 같은 역할모델 때문에 마음이 불편한가? 만일 그렇다면 앞으로 어떤 기분을 느끼고 싶은가?

- 일, 지출, 저축, 투자 등과 관련한 집안의 전통에서 벗어나 있는가? 그런 집안의 전통을 어떻게 바라보고 있는가? 자랑스러운가? 죄스럽거나 부끄러운가? 그런 느낌이 편안한가? 불편한가?

| 과거사 찾기⑤ 종교적인 교육에서 온 금전적 메시지

유년기의 종교적인 교육은 돈과 돈의 의미에 관한 강력한 메시지를 심어줄 수 있다. 어떤 아이들은 종교적 훈육 과정에서 "돈은 모든 악의 뿌리다."라는 가르침을 받는다(하지만 실제 성경에 나오는 "돈을 사랑함이 일만 악의 뿌리가 되나니"라는 구절은 돈 자체가 아니라 탐욕에 대한 경고이다). 이런 강력한 교훈은 너무 많은 돈을 벌거나 물려받기를 꺼리는 태도로 이어질 수 있다. 너무 많은 돈이 타락을 불러올지 모른다고 생각하기 때문이다.

혹시 당신은 이와 비슷한 메시지의 영향을 받고 있는가? 다음 질문을 읽고 곰곰이 생각해 보기 바란다.

- 어릴 때 주일학교나 교리 문답교실 같은 종교 교육 시간에 돈에 관한 어떤 교훈을 얻었는가? 당신은 그런 메시지에 대해 어떤 반응을 보였는가? 지금은 그것을 어떻게 생각하는가?
- 그런 오래된 메시지 중에서 혹시 지금은 버린 것이 있는가? 만약 있다면 그 메시지에 대해 어떻게 생각하는가?
- 돈에 관한 교훈 가운데 혹시 당신이 성장하면서 얻은 다른 분야의 교훈과 충돌하는 것이 있는가? 만일 그렇다면 지금도 그 충돌로 인한 갈등을 느끼고 있는가? 어떤 점에서 갈등을 느끼는가? 앞으로 갈등을 어떻게 해소할 것인가?

| 과거사 찾기⑥ 또래 친구들로부터의 금전적 메시지

사람들은 또래 친구들에게 큰 영향을 받는다. 특히 어릴 때는 더욱 그렇다. 사람들은 흔히 자기 집의 경제적 지위를 친구들과 비교한다. 돌이켜보면 친구 집보다 더 가난했거나 더 부유했던 기억이 있을 것이다. 아무렇지도 않게 비싼 옷을 사 입는 친구도 있었을 것이고, 형이나 언니에게 옷을 물려받는 친구도 있었을 것이다. 그리고 걸핏하면 돈을 빌리고 절대 갚지 않았던 친구도 있었을 것이고, 자기 부모가 선물을 사줄 것이라며 으스대던 친구도 있었을 것이다.

어렸을 때 또래 친구들이 당신에게 보내던 메시지에 대해, 그리고 당신은 어떤 반응을 보였는지에 대해 생각해 보기 바란다.

- 친구들과 어울리면서 돈과 관련해 어떤 느낌이 들었는가? 부끄러움? 자부심? 죄의식? 질투심? 불안감?
- 당신보다 훨씬 더 부유하거나 훨씬 더 가난한 친구가 있었는가? 그 점이 당신의 경제관념에, 그리고 돈을 둘러싼 당신의 행동에 어떤 영향을 미쳤는가?
- 친구나 돈과 관련한 사건 중에 구체적으로 기억나는 사건이 있는가? 그런 기억을 떠올리면 어떤 감정을 느끼는가? 그런 감정이 현재의 당신에게 어떤 영향을 미치고 있는가?

| 과거사 찾기⑦ 돈에 관한 정서적 기억

　돈에 관한 유년기의 가장 뚜렷한 정서적 기억이 부모나 친구처럼 아주 가까운 사람들과 무관한 경우도 있다. 즉 자신에게나 자기 주변에서 일어난 매우 가슴 아픈 사건을 성인이 돼서도 기억하고 있을 수 있다. 올리비아도 바로 그런 지워지지 않는 기억을 갖고 있다.

　"아주 어렸을 때, 그러니까 다섯 살이나 여섯 살이었을 때 경험한 일이지만, 그 사건과 그때의 느낌이 마치 어제의 일처럼 생생히 기억난다. 나는 아버지와 이발소에서 차례를 기다리고 있었다. 그런데 나보다 나이가 그리 많지 않아 보이는 사내아이 하나가 자기 아버지에게 25센트를 달라고 졸라댔다. 아버지는 꿈쩍도 하지 않았고, 아이는 훌쩍이기 시작했다. 그 당황스러운 장면을 지켜보면서 나는 그 아이의 아픔에 깊은 인상을 받았고, 절대로 그 아이처럼 곤궁한 기분을 느끼지는 않겠다고 맹세했다. 나는 그 맹세가 성인인 나의 과소비 성향에 지대한 영향을 미쳤다고 확신한다. 돈이 있든 없든 간에 나는 돈이 있는 것처럼 행동했다."

　다행히 훗날 올리비아는 어릴 적 그 맹세에 대해 깨달았고, 그 밖의 돈과 관련된 맹세들을 인식할 수 있었다. 덕분에 곤궁한 상태에 놓일지 모른다는 두려움이 자신의 금전 성격 유형과 지출 행위에 영향을 미치는 강도가 약해졌다. 그녀는 지금 '회복 중인 과소비자'라고 자처한다.

혹시 어릴 적에 보았거나 들었던 일 중에 현재의 경제관념에 영향을 미치고 있는, 잊을 수 없는 기억이 있는가?

| 과거사 찾기⑧ 사회로부터의 금전적 메시지

수십 년 동안 텔레비전, 영화, 라디오, 잡지 같은 다양한 대중매체의 집중공격을 받은 나머지 우리 사회는 온통 멋진 자아상을 만들기 위해 소비에만 매달리게 되었다. 테일 부분이 꼬리 지느러미를 연상시키는 1950년대 세단 자동차 옆에서 포즈를 취하는 미모의 모델부터 멋지게 차려입고 최신형 스마트폰으로 문자 메시지를 보내는 젊은이들에 이르기까지 사람들은 소유물로 자신의 정체성을 나타낼 수 있다고 생각하는 듯하다.

검색 페이지, 페이스북 포스트, 트윗, 문자 메시지, 인터넷 메신저 등에서의 교묘한 판촉 활동이 사람들을 호시탐탐 노리고 있다. 최근 들어 광고는 더욱 개별화되었고 침투력이 훨씬 더 커졌다. 마케팅 담당자들은 사람들의 관심사와 구매 패턴을 파악하는 데이터 수집 소프트웨어를 이용해 전화기, 태블릿PC, 개인용 컴퓨터 등으로 직접 광고를 주입할 수 있다. 소비 지상주의의 바다에 던져진 사람들은 어떻게 헤엄쳐 나올 것인지를 배워야 한다. 그렇지 않으면 빚더미에 앉기 십상이다.

혹시 당신의 돈 쓰는 습관이나 취향에 영향을 준 판촉 문구 중에 기억나는 것이 있는가?

| 과거사 찾기⑨ 과거의 긍정적 영향 유지하기

당신이 과거에 겪은 사건이나 사람은 현재의 부정적 태도와 행동 뿐 아니라 긍정적 태도와 행동에도 영향을 미친다. 자기탐구에 있어 필수적인 부분이니 다음 질문에 어떻게 대답할지 고민해 보기 바란다.

- 당신의 경제관념에 긍정적 영향을 미친 사람은 누구인가? 아마 부모, 친척, 교사, 또래 친구일 것이다. 또는 당신이 아는 지인이 거나 책과 글에서 읽은 누군가일 수도 있다.
- 유년기에 경험한 사건 중에 의식적이든 무의식적이든 간에 당 신이 돈을 다루는 데 긍정적 영향을 준 사건이 있는가?
- 만약 있다면 그런 긍정적 영향을 통해 구체적으로 어떤 돈 관리 능력과 금전적 태도를 터득했는가? 현재 당신은 그런 긍정적 교 훈을 충분히 활용하고 있는가?

| 귀차니스트를 위한 간단 과제

이제는 2장에서 배운 내용을 정리해 보자. 설령 지금까지 우리가 던진 여러 질문에 대한 답변을 노트에 기록하지 않았더라도 다음의 요약용 질문에 대해서는 답변을 꼭 적어보기 바란다.

- 당신의 돈을 다루는 능력에 영향을 미친 사람이나 사건으로부터 어떤 교훈을 얻었는가?
- 현재 당신에게 영향을 미치고 있는, 돈에 관한 정서적 기억이 또 있는가?
- 아직도 당신을 좌우하고 있을 법한, 돈과 관련한 유년기의 맹세가 있는가?
- 과거의 긍정적 메시지 중에 계속 지니고 싶은 것이 있는가?
- 당신의 삶이 과거의 영향을 덜 받도록 하려면 앞으로 어떤 점을 바꿔야 한다고 생각하는가?

| 두 번째 '머니 하모니' 과제 새로운 변화 딱 한 가지

앞으로 일주일 동안 과거의 영향에서 벗어난 기분이 들 수 있도록, 돈을 다루는 기존의 방식에 한 가지 변화를 주기 바란다. 예를 들어 평소 당신이 구두쇠인 어머니처럼 행동하는 편이라면 상태가 양호한 헌 옷가지 하나를 버려보기 바란다. 새로운 행동에 대해 어떤 느낌이 드는지 자신을 살펴보고, 새로운 변화에 나선 자신에게 보상을 제공하라.

| 일시적 실패와 재발은 있을 수 있다

이와 같은 긍정적 자기인식 작업을 모두 수행했는데도 지금까지 극복하고자 했던 패턴이 약화되기는커녕 일시적으로 강화될 수도 있다. 기존의 패턴이 재발해도 너무 실망하지 마라. 재발은 흔히 일어나기 마련이고, 당신은 끈기와 이해로 재발에 대응해야 한다. 당신이 그 악마를 길들이려고 할 때 녀석은 추악한 얼굴을 자주 내밀기 마련이다.

일반적으로 성장과 변화는 한걸음 전진하고 반걸음 후퇴하는 과정에서 일어난다. 당황하지 마라! 자기인식 수준이 높아지고 새로운 태도와 행동을 꾸준히 시도하다 보면 앞으로 전진할 수 있다.

3장

돈에 관한 잘못된 신념

잘못된 믿음의 정체를 폭로하라

사람들은 돈이 가진 신기한 능력을 마법처럼 여기는 경향이 있다. 그 때문에 어긋난 믿음이 생겨나기도 한다. 돈은 이렇다, 하고 생각하는 근거 없는 믿음에도 어느 정도 진실의 핵심은 담겨 있다. 하지만 돈에 관한 잘못된 신념을 신화神話처럼 복음처럼 떠받들다 보면 근심, 공포심, 집착 같은 돈에 대한 강렬한 감정에 사로잡혀, 아주 간단한 재정적 결정과 행동조차 어렵게 여길 수 있다.

대부분의 사람들이 적어도 한 가지는 돈에 관한 신념을 갖고 있다. 또 많은 사람들이 여러 가지의 신념을 동시에 갖고 있다. 다음은 가장 일반적으로 볼 수 있는 돈에 관한 믿음이다.

돈은 행복이다

돈은 사랑이다

돈은 힘이다

돈은 자유다

돈은 자존심이다

돈은 안전이다

이 여섯 가지 돈에 관한 신념 중 당신에게 영향을 미치는 것이 있는가? 만일 그렇다면 그 잘못된 믿음의 정체를 폭로할 수 있는 방법을 살펴봐야 할 것이다. 그렇게 해야만 비로소 자신을 둘러싼 경제적 생활이 무리한 강요의 삶이 아닌, 심리적인 조화를 이뤄 좀 더 삶의

돈에 관한 잘못된 신념 ① 돈은 행복이다

질을 향상시키는 방향으로 흘러갈 것이다.

| 돈은 행복이다

 '돈은 행복이다'라는 말은 가장 만연한 믿음 가운데 하나다. 이 믿음은 아주 오래 전부터 시대를 풍자하는 말이나 만담에서 다음과 같이 표현되곤 했다. 다음 두 가지 글을 완성해 보자.

  "돈은 인생의 전부가 아니지만, ＿＿＿＿＿＿＿＿＿＿＿！"
  "잘살던 적도 못살던 적도 있지만, ＿＿＿＿＿＿＿＿＿＿＿！"

 아마 첫째 문장의 빈칸을 채울 말은 '중요한 것이다'일 것이다. 그리고 둘째 문장의 빈칸에는 '잘사는 편이 더 낫다'라는 말이 들어갈 것이다. 그렇지 않은가?
 각종 잡지와 서적에는 열심히 일해 부자가 되고 결국엔 행복하게 산다는 사람들의 감동적인 이야기가 실려 있다. 오프라 윈프리, 리처드 브랜슨(버진그룹 회장), 고故 스티브 잡스 같은 사람들은 성공의 전형적인 모델로 간주된다. 그러나 과연 그들이 정말 행복할까? 만일 그렇다면 돈이 그들의 행복에서 차지하는 역할이 어떤 건지 정확히 알 수 있을까?

물론 금전적으로 쪼들리는 상황에 있다면 행복에 악영향을 미친다. 1940년대의 뮤지컬 '알레그로Allegro'에 나오는 노래에는 다음과 같은 가사가 있다. "돈이 전부가 아니지만 가난해 보면 알지."

그러나 돈은 행복과 만족의 원동력이 아니다. 이 사실을 인식하지 못하는 사람들은 돈을 더 많이 모아야 한다는 압박감을 느낀다. 행복에 대한 집착으로 인해 행복이 사라질 때까지 말이다.

돈은 행복이라고 믿는가

당신은 '돈은 행복이다'라고 믿지 않는다고 자부할지 모른다. 다음의 다섯 가지 질문에 한번 대답해 보기 바란다.

- 혹시 당신은 불행하다거나 꿈을 이루지 못했다고 느끼는가? 그렇다면 그 이유는 돈을 많이 벌지 못했기 때문이라고 생각하는가?

- 당신보다 형편이 어려운 듯한 사람과 대면할 때 당신은 그 사람이 아주 행복하지는 않을 것이라고 짐작하는가?

- 당신보다 더 많이 벌거나 더 많이 쓰는 사람들을 보면 질투가 나는가? 그 사람들은 당신보다 더 편안하고 만족하면서 살 것 같은가?

- 당신은 '돈만 더 많이 번다면 훨씬 더 행복할 텐데' 하고 생각하는가?

- 당신의 수입이나 배우자의 수입이 약간만 줄어들어도 크게 낙
  담하는가?

이 다섯 가지 질문 가운데 최소한 세 가지에서 "그렇다."라고 대답
했다면 당신은 '돈은 행복이다'라는 믿음을 갖고 있는 셈이다.

'돈 = 행복'이란 믿음의 정체를 폭로하다

이제 '돈은 행복'이란 신념에 도전장을 내밀어 보자. 우선 당신에게
큰 행복감을 선사하는 두 가지 활동을 골라 노트에 적기 바란다. 그
런 다음 질문에 대한 답변을 기록하라.

- 그 두 가지 활동을 하는 데 얼마나 많은 비용이 드는가?
- 두 활동의 효과가 극대화되는 경우는 그것을 당신 혼자 할 때
  인가? 아니면 다른 사람들과 함께 할 때인가?

워크숍에서 이 과제를 수행한 참가자들은 자신에게 행복감을 주
는 활동에 대체로 비용이 적게 들거나 거의 들지 않는다는 사실에 놀
란다. 게다가 그런 활동은 다른 사람들과 함께 할 때가 많다는 사실
에 한 번 더 놀란다(그중 대표적인 활동이 바로 연애다). 그러므로 사실 많은 사
람들에게 적용되어야 할 공식은 '돈=행복'이 아니라 '사회적 활동=행
복'일지도 모른다.

어떤 사람들은 자연 속에서의 산책, 혼자 있는 시간, 좋은 책 읽기 등에서 즐거움과 보람을 느낀다. 만일 당신도 그런 사람에 속한다면 그것은 당신이 느끼는 행복 중 상당 부분이 돈과 거의 무관하다는 증거다. 한 가지 활동을 더 해보자.

- 앞으로 2주 동안 당신의 모든 지출 내역을 기록하라.
- 각 지출에서 느낀 만족감을 10점 만점 기준으로 점수를 매겨라.

이 과제는 새로운 사실에 눈뜰 수 있는 정말 놀라운 경험이 될 것이다. 평소에 당신이 돈을 지출하는 방식이 행복감을 전혀 향상시키지 않는 방식일 때가 많다는 점을 깨달을 것이다.

만일 아직도 돈이 많을수록 더 행복하다고 믿는다면 다시 과제 하나를 더 해보자. '돈은 행복이다'라는 신념의 오류를 드러내는 사례를 찾아보기 바란다. 오래 숙고할 필요는 없을 것이다. 돈은 많지 않아도 자신의 경력, 인간관계, 자원봉사활동 등에 만족하는 사람들이 금방 떠오를 것이기 때문이다.

몇 년 전의 사례가 있다. 부富에 관한 어느 잡지 기사를 읽은 여러 독자들이 다음과 같은 반응을 보였다. 요약하면 이렇다.[1]

"지난 20년을 돌이켜보면 우리 부부는 수입이 적었을 때가 가장 행복했던 것 같다. 우리 삶은 지금보다 더 단순했고, 우리는 훨씬 창의적인 자세로 하고 싶은 일을 했다. 그다지 힘들게 일하지 않았고, 삶을 즐기고 사랑을 나누기 위한 시간과 에너지도 더 많았다. 우리에게는 그런 모든 요소가 진정한 부 같았다."

반면에 연예신문과 잡지에서는 이런 기사들로 도배되어 있기도 했다. 돈은 남아돌지만 불행한 결혼 생활을 여러 번 겪고 약물중독이나 다른 중독에 시달리는 할리우드의 명사들, 스포츠 스타들, 대중음악의 전설적 존재들에 관한 이야기 말이다. 부는 그들에게 행복을 안겨다주지 못했다.

이와 관련해 정곡을 찌르는 사례가 있다. 올리비아는 초대 손님으로 출연한 어느 텔레비전 대담 프로그램에서 데니스를 만났다. 데니스는 성실한 남자였는데 복권에 당첨되었다. 그는 통념과 달리 복권에 당첨됐어도 행복감을 느끼지 못했고 오히려 걱정에 시달렸다고 고백했다. 그에게는 사업 기회가 쏟아졌고, 심지어 낯선 여성들로부터 몇 차례 결혼 프로포즈를 받기도 했다. 한때는 사람을 믿는 사람이었지만, 어느새 그는 타인을 의심하는 사람으로 변했다. 남들이 자기 돈을 노리고 접근하는지 아니면 인간적으로 정말 자신을 좋아하는지 구분하기 어려웠던 것이다.

뜻밖의 횡재 때문에 데니스의 삶은 생지옥으로 변했다. 당시 그는 상황에 대처하는 요령을 배우는 중이었지만, 절대 돈이 행복이라고 말하지는 않을 것 같은 상태였다.

다른 복권 당첨자들의 이야기를 살펴봐도 비슷하다. 갑작스러운 횡재 때문에 그들의 삶은 매우 불안정해졌고, 문제를 해결하기보다 오히려 훨씬 더 많은 문제가 생겨났다.

최근 우리 사회가 경제적 불확실성이 더욱 극심해졌음을 감안할 때, 사회 곳곳에 침투한 돈에 관한 잘못된 믿음을 벗어나는 것이 상황을 유연하게 대처할 수 있는 효과적인 방법이 될 것이다. 이런 잘못된 신념에서 벗어나면 월급이 오르지 않거나 어쩔 수 없이 임금이 낮은 일을 해야 하는 상황에 놓여도 박탈감이나 우울감에서 빨리 벗어나게 될 것이다. 또한 경제적 상황의 부침浮沈에도 불구하고 인생에서 진정한 즐거움을 느낄 가능성이 훨씬 더 높아질 것이다. 다음은 돈은 행복이라는 신념에서 벗어나지 못하는 사람에게 필요한 최종 과제다.

- 일주일에 한 번씩, 돈이 거의 들지 않으면서도 행복감을 느낄 수 있는 활동을 수행하라. 이미 하고 있는 활동이든 전혀 새로운 것이든 상관없다.
- 그런 활동을 하면서 느낀 기분을 꼼꼼히 기록하라.

이 과제는, 돈 한 푼 쓰지 않으면서도 행복감을 느낄 수 있는 활동이 많다는 사실을 깨닫는 데 도움이 될 것이다.

돈에 관한 잘못된 신념 ② 돈은 사랑이다

| 돈은 사랑이다

돈이 행복이 아니라고? 그렇다면 돈은 사랑일지 모른다. 사실 수 많은 사치품들의 마케팅 담당자들이 그렇다고 떠들어댄다. 사랑을 증명하려거든 애인에게 값비싼 다이아몬드 반지를 사줘라. 사랑의 깊이를 보이고 싶거든 대학을 졸업한 아들에게 멋진 스포츠카를 사 줘라. 남자친구에게 근사한 휴대전화를, 어머니와 아버지에게 카보 산 루카스(멕시코 휴양지)로의 여행을, 딸에게 파리로의 봄방학 여행을 선물하라.

대다수 사람들은 돈이 사랑이라고 여길 뿐 아니라 돈이 사랑의 부 족함을 보충할 수도 있다고 믿는다.

돈은 사랑이라고 믿는가

당신은 돈이 사랑이라고 믿는 사람일까, 아닐까? 다음의 다섯 가지 질문에 답해 보기 바란다.

- 외로움이나 우울함을 느낄 때, 또는 사랑받지 못한다는 느낌이 들 때 기분전환을 하려고 쇼핑을 하는가?
- 일이 성사된 것을 축하하고 싶을 때 당장 자신에게 선사할 물건 을 사야겠다는 생각이 떠오르는가?
- 상점에 일단 들어가면 자신에게 선사하고 싶은 물건을 사야만

직성이 풀리는가?

- 여유가 없는 상태여도 자신과 타인에게 줄 물건을 사면 기분이 좋은가?
- 당신에게 중요한 의미가 있는 사람들이 일정 기간 동안 당신에게 특별한 선물을 사주지 않으면, 그들이 아직 당신을 사랑하는지 궁금해지는가?

이상 다섯 가지 질문 가운데 3개 이상에 "그렇다."라고 대답했다면 돈이 사랑이라는 신화를 최소한 부분적으로라도 믿고 있는 셈이다.

'돈 = 사랑'이라는 믿음의 정체를 폭로하다

당신의 행동과 태도에서 '돈=사랑'이란 신념이 보인다면, 그것과 배치되는 사람들에 관해 잠시 생각해 보기 바란다. 예를 들어 당신의 고등학교 동창 중에는 부모로부터 엄청난 금액의 용돈을 받고 신용카드, 자동차, 최신 노트북, 전화기 같은 선물도 받았지만 부모가 너무 바쁜 나머지 함께 많은 시간을 보내지 못한 친구가 있을지 모른다. 아마 그 친구는 돈은 많았지만 사랑에는 굶주렸을 것이다.

이제 반대의 경우를 살펴보자. 돈은 많이 없어도 많은 사랑을 누리는 사람들 말이다. 그런 사람들은 명사들이 아니기 때문에 평소 우리는 그들에 관한 이야기를 거의 듣지 못한다. 하지만 그들은 우리 주변 곳곳에 있다(이웃들, 선생님들, 성직자들, 그리고 많은 부모들).

이 신념의 실체를 파악하려면 돈을 거의 쓰지 않으면서도 사랑받고 존중받는 기분을 느낄 수 있는 활동에 익숙해질 필요가 있다. 예를 들면 쇼핑 대신에, 만나면 기분 좋은 친구들과 어울리기를 권한다. 아니면 친한 사람들과의 인터넷 음성통화나 영화 관람 같은 재미있고 즐거운 활동을 해도 된다.

돈을 쓰고 싶은 강력한 충동을 느끼는 사람은 쇼핑중독증을 의심해 볼 만하다. 이런 상태는 대체로 유년기에 경험한 정서적, 육체적, 물질적 차원의 결핍감과 우리 사회에서 엿보이는 공동체 의식 부족, 가족 해체, 정신적 공허감 등에서 기인한다. 사람들은 소비를 통해 허전한 마음을 채우려고 애쓰는 것이다.

혹시 소비와 관련한 압박감이나 중독 증세와 씨름하고 있어도 그것을 부끄럽게 여길 필요는 없다. 그런 사람들은 부채중독자 회복모임(www.debtorsanonymous.org) 같은 12단계 프로그램이 큰 도움이 될 것이다(한국에서라면 인터넷쇼핑 중독의 경우는 중독관리통합지원센터의 도움을, 개인회생이나 파산의 경우는 대한법률구조공단에서 도움을 받을 수 있다).

돈을 사랑의 대체물로 이용하는 습관의 심각한 문제점은 그것이 대체효과가 없다는 점이다. 그런 습관은 곪은 상처에 반창고를 붙이는 것, 즉 외로움, 고통, 공허함 따위를 일시적으로 감추지만 결코 상처를 치료하지 못하는 것과 같다. 사실 그런 미봉책은 결국 심각한 정서적, 금전적 피해로 이어지는 고질적인 악순환을 초래할 수 있다. 자신에게 진정한 자양분이 될 수 있는 대안적 활동을 고민해야 이 치

명적인 믿음에서 벗어날 수 있다.

| 돈은 힘이다

오늘날 '돈은 힘이다'라는 신념이 우리 사회에 깊이 뿌리박혀 있다. 과거와 달리 만사를 관장하는 정치 권력자, 왕, 성직자 같은 존재가 지금은 없다. 그 틈을 돈이 비집고 들어왔다. 이제 돈이 힘의 주요 척도가 되었다. 이런 세태를 보여주는 가장 전형적인 사례가 바로 기업 최고경영자들이 요구하는 초대형 급여다.

A라는 회사가 '존 도'라는 신임 최고경영자에게 연봉 10억 원과 스톡옵션 50억 원을 지급한다면, '리처드 로'라는 또다른 사람은 B회사에서 연봉 15억 원과 스톡옵션 75억 원 이하의 조건으로는 최고경영자 자리에 앉으려 하지 않을 것이다. 이런 최고경영자들이 실제로 그만큼의 밥값을 하는지에는 아무도 관심 없다. 그러므로 텔레비전 프로그램, 영화, 소설 따위에 등장하는 악당들이 흔히 탐욕에 찌든 부정부패형 악덕 기업가들인 것은 당연하다.

주변을 돌아보면 부와 지위를 이용해 권력을 휘두르는 사람들이 눈에 띌 것이다. 돈은 강력한 최음제다. 확실히 부유한 남자들은 돈이라는 힘을 이용해 여자들을 유혹해 왔다. 긍정적인 면에서 볼 때 돈 덕분에 우리는 더 많은 선택을 할 수 있다. 예컨대 좋은 대학과 좋

돈에 관한 잘못된 신념③ 돈은 힘이다

은 직장의 문을 두드리는 데 돈이 중요한 역할을 한다. 돈 덕분에 우리는 여행을 할 수 있고, 근사한 집에서 살 수 있고, 좋은 음식을 먹을 수 있고, 더 나은 의료 혜택을 받을 수 있다. 물론 이런 선택을 할 수 있는 능력은 일종의 힘이다. 하지만 돈이 곧 힘이라는 신화에서 벗어나면 새롭고 창의적인 인생의 선택으로 이어질 수 있다. 그렇게 할 수 있는 방법을 살펴보자.

돈은 힘이라고 믿는가

우선 다음의 다섯 개 문항을 읽어보자.

- 세상에서 가장 큰 힘을 지닌 사람들은 부자들이다.
- 지금보다 더 부유하다면 틀림없이 더 큰 힘을 가질 수 있을 것이다.
- 돈을 잃으면 힘도 잃는다.
- 내 목표를 달성하고 내 삶을 주도할 수 있으려면 많은 돈이 필요하다.
- 돈이 적을수록 내가 원하는 인생을 누리는 데 필요한 힘도 줄어들 것이다.

다섯 개 문항 가운데 3개 이상에 동의한다면 '돈은 힘이다'라는 신념을 믿는다고 할 수 있다.

'돈＝힘'이라는 믿음의 정체를 폭로하다

펜과 종이를 준비하고 몇 분 동안 '돈=힘'이라는 믿음의 오류를 보여주는 사람들에 관해 생각해 보자.

첫째, 부유하지 않으면서도 막강한 힘을 지닌 사람들의 사례 몇 가지를 적어보라. 사실 여러 악명 높은 권력자들 중에는 부자가 아닌 사람들도 많다. 예를 들면 히틀러와 스탈린이 그랬고, 추종자들에게 살인을 부추기는 극단주의자들이 그렇다.

반면 재산이 별로 없으면서도 세상에 긍정적인 변화를 초래한 사람들도 있다. 경제적으로 풍족하지 않은 상태에서도 연구를 진행해 인류를 힘든 노동과 무서운 질병으로부터 구한 수많은 과학자들과 발명가들이 그런 사람들이다. 또 인도에서 수천 명의 버려진 아이들을 돌본 테레사 수녀, 티베트의 정신적 지도자인 달라이 라마, 그리고 노예해방의 아버지인 에이브러햄 링컨 등도 마찬가지다.

이와 같은 사례들에 관해 생각해 보고 다음 두 개의 질문에 대답해 보기 바란다.

- 보람 있는 삶을 살고, 목표를 달성하고, 따뜻한 인간관계를 유지하기 위해서는 돈 이외에 어떤 요소들이 필요할까?
- 당신이 목표를 달성하는 과정에서 돈과 돈 이외의 요소들이 차지하는 비중을 각각 10점 만점 기준으로 점수를 매긴다면 몇 점을 주겠는가?

지금 우리는 부와 권력이 나쁘다는 말을 하고 있는 것이 아니다. 알다시피 자신의 부와 권력을 좋은 곳에 쓰는 사람들도 많다. '돈은 힘이다'라는 믿음을 깨뜨리는 사례로는 가난과 기근에 시달리는 사람들을 위해 수백만 달러의 성금을 모금한 록 밴드 U2의 리더인 보노, 에이즈 예방 활동에 헌신했던 고故 엘리자베스 테일러, 게이츠 재단을 통해 280억 달러 이상을 기부한 빌 게이츠와 멜린다 게이츠 부부 등을 꼽을 수 있다. 이밖에도 타인의 삶을 향상시키기 위해 돈과 힘을 이용하는 사람들은 많이 있다.

명심하라. 돈으로는 자기 가치관과 진정한 조화를 이루는 데서 오는 힘을 살 수 없다. 돈으로는 행복, 우정, 성취감 등을 살 수 없다. 우리가 돈 때문에 희생하는 것, 즉 사랑하는 사람들과 함께 보내는 시간, 건강, 개인적 성취 등은 돈과 대체가 불가능하다. 요컨대 진정한 힘은 타인을 통제하는 힘이 아니라 자신의 삶을 통제할 수 있는 힘이다.[2] 그런 통제력을 확보할 수 있는 방법들은 돈으로 살 수 없다.

자기 삶에 대한 통제력을 확보한다는 측면에서 다음 질문에 답해 보자.

- 당신 삶의 여러 부분 중에서 어느 부분에 대한 통제력을 느끼고 싶은가?
- 그런 부분 중에서 돈이 필요한 부분은 어디인가? 필요하다면 얼마나 필요한가?

- 자기 삶에 대한 통제력을 확보한다는 것은 어떤 느낌일까? 그것을 어떤 수식어로 묘사할 수 있겠는가?

| 돈은 자유다

많은 사람들의 머릿속에는 '돈은 자유다'라는 믿음이 자리잡고 있다. 이 신념은 우리가 살면서 정말 하고 싶은 일이 있으면서도 하지 않을 때 둘러대는 핑계이기도 하다. 우리는 돈만 더 있다면 '마음껏 그림을 그릴 텐데'라거나 '소설을 쓸 텐데'라거나 '유럽 여행을 할 텐데'라거나 '직업을 바꿀 텐데'라며 과감하게 나서지 못하는 자신의 처지를 합리화한다.

물론 '돈=자유'라는 신념을 비롯한 돈에 관한 잘못된 믿음들에는 약간의 진실 또한 담겨 있다. 다만 우리가 하고 싶은 일 중에는 돈이 드는 일도 있기 때문에 자신이 간절히 원하는 자유를 가로막는 진정한 원인을 파악하는 대신 그저 이 신념에 안주하고 마는 것이다.

돈은 자유라고 믿는가

다음 문항 가운데 몇 개에 "그렇다."라고 동의할 수 있겠는가?

- 내가 정말 하고 싶은 일을 하지 못하는 주요 원인은 '돈이 부족

돈에 관한 잘못된 신념 ④ 돈은 자유다

한 것'이다.

- 복권에 당첨되면 이 따분한 삶에서 벗어날 수 있을 것이다.
- 부자들에게는 이상적인 삶을 누릴 만한 자유가 있다.
- 진정한 자유의 열쇠는 넉넉한 돈이다.
- 평소 나는 돈만 충분하다면 할 수 있을 것 같은 일을 꿈꾸고, 돈만 많이 생긴다면 누릴 수 있을 것 같은 자유를 간절히 기대한다.

이 다섯 개 문항 중 3개 이상에 동의한다면 최소한 어느 정도는 돈이 자유라고 믿는 셈이다.

'돈 = 자유'라는 믿음의 정체를 폭로하다

'돈은 자유'라는 관념에 도전장을 내미는 차원에서 우선 이 신념과 정면으로 배치되는 삶을 살고 있는 사람들을 떠올려보자. 혹시 주변에 돈은 많이 있지만 전혀 자유로워 보이지 않는 사람이 있는가? 혹시 일에 너무 열중한 나머지 중요한 가족행사에 자주 빠지는 친구나 물려받은 재산 때문에 늘 쫓기듯 살아가는 지인이 있을지 모르겠다. 반면 돈은 많이 없어도 무척 자유로워 보이는 친구나 지인이 있을 수도 있다. 음악가와 작가, 그리고 자유업 종사자 중에는 심각한 금전적 부담에 얽매이지 않는 삶을 살면서 만족해하는 사람들이 많다.

공저자인 우리 두 사람이 대학을 막 졸업했을 때는 저렴한 비용의 유럽 여행이 바로 그런 삶의 연장선이었다. 믿을지 모르겠지만 당시 가장 인기 있는 여행서는 『하루 5달러로 유럽 여행하기*Europe on $5 a Day*』였다. 당시 많은 친구들이 지나가는 자동차를 얻어 타고 현지인 마을에 머물면서 유럽 전역을 여행했고, 유럽 각국의 문화를 생생히 체험했다. 값비싼 미국식 호텔에 머물면서 유럽의 색다른 생활방식을 전혀 접하지 못하는 사람들이나 여행을 전혀 가지 않는 사람들의 경험과는 너무나 대조적이다. 그런 여행은 자유와 전혀 무관해 보인다.

그런데 지금 여기서 말하는 자유는 이기적이거나 노골적이거나 해로울 수도 있는 우리의 모든 충동을 현실화할 수 있는 자유가 아니다. 아무리 많은 재산이 있어도 그런 식의 자유를 누릴 수는 없다. 지금 논하고 있는 자유는 우리의 잠재력에 도달할 수 있는 기회, 즉 우리가 바라는 것을 할 수 있고 우리가 원하는 존재가 될 수 있는 기회다.

다음은 '돈은 자유이다'라는 믿음의 정체를 폭로할 때 보탬이 되는 또 다른 과제들이다.

- 앞으로 2주 동안 돈을 쓰는 경로를 꼼꼼히 기록하라.
- 각 지출을 통해 얼마나 큰 기쁨을 느끼는지 10점 만점 기준으로 점수를 매겨라.
- 그런 지출에 쓸 돈을 벌기 위해 몇 시간을 일하는지 기록하라.

일단 자신의 시급을 계산해야 한다. 자신의 시급이 얼마인지 모르면 매주 일하는 시간에 50주week를 곱한 값으로 연봉 금액을 나눠라. 예를 들어 1주일에 35시간 일한다고 가정할 때 35에 50을 곱한 값은 1천 750시간(1년 동안 일한 시간)이고, 연봉이 4천 550만 원이면 '4천 550만÷1,750=2만 6천'이므로 당신의 시급은 2만 6천 원이다.

아마 상당수의 사람들이 이 과제에서 느끼는 바가 있을 것이다. 자신이 그다지 중시하거나 즐기지 않는 일에 돈을 쓰고 여가 시간을 허비한다는 사실을 깨달을 것이다.

과제를 하나 더 해보자. 만일 자신의 꿈과 목표에 좀 더 다가가고 싶다면 다음의 질문을 곰곰이 생각해 보기 바란다.

- 앞으로 6개월 동안, 굳이 현재의 경제 상황에 큰 변화를 초래하지 않으면서도 당신에게 더 많은 자유를 선사할 수 있는 일을 할 수 있겠는가? 할 수 있다면 구체적으로 어떤 일을 할 수 있는가?
- 그런 일을 지금까지 하지 못한 이유는 무엇인가? 정말 돈 때문인가? 아니면 다른 무엇 때문인가?
- 앞으로 2주 동안, 어떻게 하면 당신이 원하는 자유에 더 다가갈 수 있겠는가?

자유를 향한 발걸음을 내딛을 때 어떤 생각과 느낌이 드는지 자신을 꼼꼼히 살펴라. 그리고 진정한 자유를 향해 나아가는 자신에게 보상을 제공하라.

| 돈은 자존심이다

이 신화는 일을 하고 받는 보수와 밀접한 관계가 있다. 특히 자유업 종사자들은 자신이 제공하는 용역에 대한 보수를 정하는 문제로 고민할 때가 많다. "나의 가치가 얼마인지 어떻게 알 수 있지?"

하지만 자존심은 우리가 받는 보수가 얼마인지와 전혀 무관하다. 아마 스스로에게 다음과 같은 질문을 던지는 편이 더 적절할 것이다.

- "현행 임금 단가는 얼마인가?"
- "내가 투입한 비용의 본전을 뽑으려면 얼마를 벌어야 하는가?"
- "얼마의 비용을 청구하는 것이 적당할까?"
- "죄책감이나 불안감을 느끼지 않으면서 청구할 수 있는 금액은 어느 정도일까?"(흔히 우리는 께름칙한 느낌이 드는 금액보다 높이 청구한다.)

대기업 최고경영자들이 요구하는 초대형 급여는 자존심과 보수를 동일시하는 현상을 잘 보여주는 사례다. "나를 봐! 봉급을 가장 많이 받으니까 내가 최고야." 유전적 특징과 사회화가 맞물리면서 남성이

돈에 관한 잘못된 신념⑤ 돈은 자존심이다

여성보다 이 승자독식 관점에 더 적응을 잘하는 경향이 있지만, 과거에 비해 많은 여성이 기업의 고위임원 자리를 차지함에 따라 이제 여성도 봉급으로 자존심을 평가하게 될지 모른다.

돈은 자존심이라고 믿는가

다음 다섯 개 문항을 읽고 동의 여부를 결정하라.

- 돈을 더 많이 벌 때 훨씬 더 자신감이 생긴다.
- 다른 사람들이 보유한 순자산이 그들에 대한 내 존중심에 영향을 미친다.
- 지금보다 수입이 적어지면 사람들은 나를 무시할 것이다.
- 비록 단기간이라도 실업 상태에 놓이면 우울하고 부끄럽고 자존심이 상할 것이다.
- 평소 알고 지낸 어떤 사람의 수입이 내 짐작보다 적으면 이전보다 그 사람을 깔볼 것 같다.

다섯 개 문항 가운데 3개 이상에 동의한다면 '돈은 자존심이다'라는 신화를 믿는 셈이다.

'돈＝자존심'이라는 믿음의 정체를 폭로하다

앞서 우리가 정체를 폭로한 다른 신념들과 마찬가지로 이 강력한 믿음의 오류를 입증하는 작업의 첫걸음은 반대 사례를 살펴보는 것이다. 당신이 직접 또는 간접적으로 아는 사람들 중에 그리 부자는 아니면서도 자신감과 자부심이 강한 사람이 있는지 생각해 보라. 아마 그런 사람을 여럿 만난 적 있을 것이다.

그런 다음 이번에는 돈은 많지만 자부심이 거의 없는 사람들을 떠올려보자. 그들은 자립에 어려움을 겪거나 깊은 인간관계를 맺지 못하는 경향이 있다. 그리고 가끔씩 부를 과시함으로써 열등감이나 불안감을 해소한다. 이외에도 '돈은 자존심이다'라는 신화의 오류를 보여주는 사례를 여럿 발견할 수 있다. 만일 충분한 돈이 없어서 자존심 수준도 낮다면 다음 과제를 해보기 바란다.

- 당신 인생에서 할 수 있는 일 가운데 돈은 조금 들고 자신감과 자부심은 많이 느낄 수 있는 활동이나 상황이 있는지 생각해 보라.
- 그런 구체적인 활동이나 상황을 노트에 적어라.

지금 당장 자존심을 많이 느낄 수 있는 활동에 나서거나 그런 상황을 만들어야 한다는 압박감을 느낄 필요는 없다. 미래의 어느 시점에, 그런 활동이나 상황에 가까이 다가갈 마음이 자연스럽게 생길 것이다. 만약 갑자기 해고됐다고 가정할 때 실직으로 인해 날아간 수입을 자존심과 연결하지 않도록 유의하라. 한 가지 사례를 살펴보자.

티나는 곧 해고될 처지임을 깨달은 뒤 심리치료를 받으려고 찾아온 의뢰인이었다. 그녀는 지난 2년 동안 일이 즐겁지 않았고 곧 직장을 그만둬야 할 시점임을 알았지만, 몇 주 동안 실업자 신세로 지내야 한다는 생각에 마음이 편치 않았다. 그녀는 암담한 미래가 두려웠다. 뿐만 아니라 곧 수입이 끊길 것이라는 생각 때문에 자신의 능력을 의심했고, 결과적으로 그녀의 자긍심은 기반마저 뒤흔들렸다.

다행히 티나는 불과 몇 회의 심리치료 만에 자존심과 일시적 트라우마를 분리시킬 수 있었고, 활력과 열정을 회복하기 시작했다. 한 달 뒤 그녀는 평소 선망하면서도 시간이 없어 참여하지 못했던 분야의 자원봉사자로 나섰다. 석 달 뒤 티나는 그 새롭고 창의적인 분야의 일자리를 얻었다. 초봉은 이전 직장보다 조금 적었지만, 그 점은 티나의 자존심에 전혀 영향을 주지 않았다. 오히려 정반대였다. 자신이 무척 좋아하는 분야에 종사한 덕분에 자신감이 커졌고, 삶의 열의도 한층 뜨거워졌다.

완벽한 부모를 둔 사람은 아무도 없다. 따라서 우리 모두는 이런저런 정신적 허점을 지닌 채 살아가기 마련이다. 우리는 일, 성취, 소유물을 통해, 때로는 늘어난 재산에 힘입어 그 허점을 메우려고 애쓴다. 그러나 우리가 쌓은 부에 대해 남들이 늘어놓는 찬사는 결코 우리의 자긍심과 똑같은 방식으로 우리의 욕구를 채워주지는 못한다.

요컨대 자부심과 자존심을 진정으로 향상시키는 유일한 방법은 자신의 잠재력을 실현하는 것이다. 즉 열정을 쏟고 헌신하고 싶은 삶의 영역에서 최선을 다하고 자신이 갈 수 있는 최고의 경지에 도달하려고 노력하는 것이다. 그렇게 할 수 있다면 인생을 살아가면서 더욱 뿌듯하고 만족스러운 기분을 느낄 것이고, 늘 성장하면서 앞으로 나아갈 것이다.

| 돈은 안전이다

많은 사람들이 저축자가 아닌 낭비자다. 하지만 거의 모든 사람들이 '돈은 안전이다'라는 믿음에 사로잡혀 있다. 특히 인생 후반기에 놓인 사람들은 더욱 그렇다. 1970년대에 퇴직연금 제도가 도입되면서 퇴직 이후의 평안한 삶은 우리가 가진 돈의 액수에 달려 있다는 말이 나돌기 시작했다. 물론 본인과 사랑하는 사람들을 제대로 돌보려면 충분한 돈이 있어야 한다. 그러나 이 신념에 지나친 정서적 에너지를 쏟는 것은 쓸모없고 해로운 일일지도 모른다.

데이비드의 사례를 살펴보자. 그의 삼촌은 사업 실패로 파산한 뒤 자살을 시도했다. 그 사건에 큰 충격을 받은 데이비드의 아버지는 항상 돈 걱정에 시달렸고, 경솔한 지출의 위험에 관해 끊임없이 훈계를 늘어놓았다. 훗날 법조인으로 성장한 데이비드는 은퇴 이후를 대비해 많은 돈을 저축하려고 밤낮으로 일했다. 아내와 함께 편안한 노후를 보내고 자녀들에게 넉넉한 재산을 물려주기 위해 그는 휴식과

돈에 관한 잘못된 신념⑥ 돈은 안전이다

담을 쌓은 채 일에만 몰두했다. 그는 6학년 딸의 연주회와 8학년 아들의 야구 경기 결승전이 열린 날 저녁에도 일을 하느라 참석하지 못했고, 닳아빠진 낡은 소파를 버리고 '쓸데없이 사치스러운' 소파를 새로 장만한 아내를 나무랐다.

하지만 그는 48세 때 심각한 심장발작을 일으킨 뒤 재산이 건강과 안전을 보장해 주지는 않는다는 사실을 깨달았다. 본인이 사망하면 아무리 많은 돈을 남겨줘도 아내와 자식들은 상실감과 불안감을 느낄 것 같았다. 이후 그는 차츰 일과 개인 생활의 균형을 회복하기 시작했다. 사랑하는 사람들과의 알찬 시간을 보내고 그간 벌어둔 돈도 쓰면서 말이다.

돈은 안전이라고 믿는가

당신이 이 믿음에 사로잡혀 있는지 확인하는 차원에서 다음의 질문에 대답해 보기 바란다.

- 미래를 위해 아직 충분한 돈을 저축하지 못한 것 같은 생각이 들 때면 무척 불안하고 걱정되는가?
- 당장의 욕구를 해소하려고 돈을 많이 쓰는 사람들을 무분별하고 근시안적인 부류라고 평가하는가?
- 편안하고 안전한 노년기라고 하면 넉넉한 돈이 가장 먼저 떠오르는가?

- 돈을 '안전한' 곳에 투자하는 것이 미래를 위한 가장 확실한 선택이라고 생각하는가?
- 노후 걱정을 하다가도 돈을 많이 갖고 있다는 생각이 들면 걱정이 줄어들고 마음이 편안해지는가?

이상의 질문 가운데 3개 이상에 "그렇다"라고 대답했다면 '돈은 안전이다'라는 신화를 믿는 사람으로 볼 수 있다.

'돈 = 안전'이라는 믿음의 정체를 폭로하다

이 신념의 가면을 벗기는 첫 단계는 반대 사례를 확인하는 것이다. 아마 당신 주변에는 잘살지만 안정감이 없어 보이는 사람이 있을 것이다. 예를 들면 미망인 중에는 설령 많은 재산을 물려받았어도 불투명한 미래에 불안해하는 사람들이 있다. 반대로 재산은 많지 않아도 심리적으로 매우 안정적이고 미래에 대해 확신하는 사람들도 있을 것이다.

이 두 가지 부류의 차이는 무엇일까? '안정감'을 느끼는 사람들은 그렇지 못한 사람들에게 없는 어떤 요소를 갖고 있을까?

『돈의 일곱 가지 법칙*The Seven Laws of Money*』의 저자인 마이클 필립스는 올리비아에게 이런 이야기를 했다. 그가 알고 지낸 노인들은 부를 통해 특별한 안정감을 느끼지 않았다. 오히려 그 노인들은 모든 연령의 지인들로 이뤄진 인적 네트워크를 통해 안정감을 얻었다. 그들은 각기 다른 연령의 지인들과 재화나 용역을 교환했고, 그 지인들은 기꺼이 노인들과 함께 쇼핑을 했고, 영화를 관람했으며, 그들을 저녁 식사에 초대했다. 마이클 필립스가 내린 결론은 우리가 말년에 안정감을 확보하는 과정에서 가장 중요한 요소는 돈이 아니라 사회적 연대감이라는 사실이었다.

헬렌이라는 여성의 사례를 보자. 헬렌은 사별한 남편에게 충분한 돈을 물려받아 플로리다 주의 어느 호화 퇴직자촌에 살고 있었다. 그녀는 남들과 어울리기를 싫어했고, 담배를 피우거나 텔레비전을 보면서 집에 머물기를 좋아했다. 그래서 그녀에게는 친구가 없었다. 그녀는 가끔 가사도우미에게 장을 보게 하거나 잡다한 집안일을 맡겼지만, 까다로운 성격 때문에 가사도우미를 구하거나 부리는 데 어려움을 느낄 때가 많았다.

헬렌은 위급할 때는 철저히 혼자일 것이라는 점을 깨달았고, 거액의 신탁자금을 갖고 있어도 안심할 수 없다는 생각이 들었다. 그러던 중 심각한 진행성 난치병에 걸렸다는 진단을 받았고, 마침내 그녀는 변했다. 처음으로 그녀는 사람들에게 손을 내밀었다. 사람들은 정성어린 도움과 지원으로 화답했고, 결국 그녀는 여러 사람이 지켜보는 가운데 편안한 죽음을 맞았다.

물론 우리는 더 이상 일을 하기 싫거나 일을 할 수 없을 때를 대비해 저축할 필요가 있다. 그러나 돈이 안전과 동의어가 아니라는 점을 깨달으면 충분한 돈이 없는 데 따른 근심에서 어느 정도 벗어날 수 있다. 오히려 더욱 보람 있고 지속적인 인간관계를 맺고 키우는 데 에너지를 투입할 수 있다.

| 세 번째 '머니 하모니' 과제 합리적 결정을 가로막는 원인 찾기

지금까지 우리가 공략한 돈에 관한 믿음 여섯 가지가 당신에게 미친 영향을 점검해 보자.

3장에서의 마지막 과제로 다음 질문에 대답해 보기 바란다.

- 여섯 가지 돈에 관한 믿음 중 당신의 삶에 가장 큰 영향을 미친 믿음은 무엇인가? 그 신념은 어떤 식으로 영향을 미쳤는가?
- 그 신념이 배우자, 친구, 부모, 자녀, 동료 등과의 관계에 영향을 준 적이 있는가? 만일 그렇다면 어떤 식으로 영향을 줬는가?
- 이제 그 신념에서 비롯된 당신의 믿음, 태도, 행위에 변화를 주고 싶은가?
- 앞으로 2주 동안, 돈에 관한 합리적 결정을 가로막는 신념의 정체를 폭로하기 위해 할 수 있는 일 한 가지가 있다면?

'돈'이란 이상적인 인간의 조건에 해당되지 않는다. 돈은 돈일 뿐 그 이상도 그 이하도 아니다. 돈은 인생의 목표 몇 개를 달성하는 과정에서 보탬이 되는 수단에 불과하다. 이 점을 명심한다면 돈을 지출하고 저축하고 투자하는 방식에 관한 근심, 죄책감, 두려움, 수치심 따위에 시달리지 않을 것이다. 그리고 자신에게 정말 필요하고 자신이 진정으로 원하는 바를 채우면서 돈을 쓸 수 있을 것이다.

4장

어떤 태도로 돈을 다루고 어떻게 쓰고 있는가

당신의 금전 성향 극복하기

1장에서는 다섯 가지 금전 성격 유형(구두쇠, 낭비자, 혐오자, 기피자, 축재자) 중 어디에 속하는지 확인하는 테스트를 해봤다. 4장에서는 다섯 가지 성격 유형의 특징뿐 아니라 다른 유형들, 즉 폭발형 구매자Binger, 염려자, 위험 감수자, 위험 기피자의 특징까지 상세히 살펴보겠다.

앞서 열거된 여러 명칭은 각 성격 유형의 핵심을 재빠르고 극적으로 포착하기 위해 고안한 것이다. 어떤 사람들은 이 명칭에 포함된 부정적 의미를 지적하기도 한다. 일례로 구두쇠 성향의 사람들은 이렇게 하소연한다. "우리를 '구두쇠' 대신에 '절약자'로 불러주면 좋겠어요." 하지만 여기서 우리가 강조하는 것은 각 성격 유형의 불균형적 성향이다. 당신에게 문제가 일어나는 시점은 바로 금전 성격 유형이 스스로나 주변 사람들을 괴롭힐 만큼 불균형을 초래할 때이기 때문이다.

각각의 금전 성격 유형에 대한 논의는 당신에게 문제를 유발하고 있을지도 모르는 성격적 특성을 바꿀 수 있도록 돕기 위한 것이다. 또는 최소한 그 특성을 더 쉽게 통제할 수 있도록 유도하기 위한 것이다. 그러므로 우리는 각 성격 유형이 가진 고유의 단점과 문제점에 초점을 맞출 것이다.

하지만 명심하라. 대다수 사람들의 금전 성격 유형은 한 가지가 아니다. 돈에 관한 자기인식 과정에서 당신의 금전 성격 유형들이 완전히 바뀔 수도 있다. 그리고 배우자가 있는 사람은 서로 균형을 이루려고 노력하는 과정에서 금전 성격 유형이 바뀔 수 있다(이 부분은 7장에서 더 자세히 다룰 것이다).

4장에서는 자신에게 해당하는 금전 성격 유형들만 내용을 파악해도 된다. 그러나 당신 주변 인물이 속해 있는 다양한 금전 성격 유형을 더 깊이 이해하고 싶으면 모든 내용을 읽는 편이 좋다.

4장에는 평소 당신에게 익숙하지 않을 것이 분명한 행동을 수행하도록 과제가 제시될 것이다. 모쪼록 다음 세 가지 사항을 참고해 각 과제를 수행하기 바란다.

- 우리가 제시한 과제를 선택하거나 나름의 상상력을 동원해 자신에게 적합한 과제를 고안하라.
- 당신의 일반적 성향과 배치되는 새로운 행동과 태도에 관한 느낌과 생각을 기록하라.
- 새로운 행위를 수행했으면 스스로에게 보상을 제공하라(하지만 바꾸고자 했던 행위를 오히려 부추길 우려가 있는 보상은 금물이다).

이 세 가지 조건을 명심하면 4장에서 최대한의 효과를 얻을 수 있을 것이다. 물론 당신의 금전 성격 유형들이 자신이나 주변 사람들에게 문제를 일으키지 않는다면 굳이 과제를 수행할 필요는 없다. 그냥 읽고 이해하고 넘어가도 된다.

구두쇠 성향의 사람들은 모으기만 하고 좀처럼 돈을 쓰지 않는다

| 구두쇠

당연한 사실이지만 구두쇠Money Hoarder들은 돈을 모은다. 구두쇠 성향을 띠고 있는 사람은 금전적 목표를 우선시한다. 그들은 예산을 편성해 정기적으로 집행하는 과정을 즐긴다.

구두쇠는 자신과 사랑하는 사람들을 위해 돈을 쓸 때도 망설이는 편이다. 사치품뿐만 아니라 생필품을 구입할 때도 마찬가지다. 그들은 구매 행위를 경박스럽게 여긴다. 유흥이나 휴가에 돈을 쓰는 것, 심지어 옷을 구입하는 것도 불필요하다고 생각한다.

구두쇠는 미래, 특히 은퇴 이후의 생활을 걱정하는 경향이 있다. '유비무환'은 그들의 대표적인 신조다. 말년의 안정된 생활은 현재의 즐거운 소비보다 중요하기 때문에 구두쇠는 쉽게 접근할 수 있는 곳에 돈을 보관하지 않는다. 어떤 이들은 현금을 은행에 예금하는 대신 비밀 장소에 보관하기도 하지만, 비교적 드문 경우이다. 구두쇠 성향이 얼마나 심한가에 따라 당신은 여기서 언급한 여러 특징 중 일부나 대부분 또는 모두에 해당할 것이다.

당신에게 구두쇠 성향이 드러난다고 해도 자신과 사랑하는 주변 사람들이 그리 심한 고민이나 긴장에 시달리지 않는다면 현재의 경제적 지출 방식을 굳이 바꿀 필요는 없을 것이다. 설령 돈이 곧 안전이라는 신념을 믿는다고 해도 그런 믿음이 당신에게 악영향을 끼치는 것은 아닐 가능성이 높다. 예를 들어 당신은 돈이 안전이라는 신념에 입각해 상당한 액수의 돈을 모을 것이고, 그 덕분에 근심에서 약간이나마 벗어날 수 있을 것이다.

하지만 가끔 지나친 걱정과 근심에 사로잡혀 돈을 적절히 쓰지 못할 때가 있다면 그런 패턴을 바꾸는 데 도움이 될 만한 새로운 과제를 수행할 필요가 있다. 특히 당신의 인색한 행위 때문에 사랑하는 사람들이나 친구들과 갈등이 일어난다면 여기서 제시하는 과제를 한 가지 이상 수행하면 도움이 될 것이다. 또한 구두쇠 성향에 지나치게 얽매이지 않으면서 동시에 그런 성향에 따른 혜택을 누릴 가능성도 높아질 것이다.

부자였지만 누리지 않았던 그녀

론다라는 여성은 돈을 꼭 써야 하는 상황에도 망설일 만큼 저축에 매달렸다. 하지만 놀랍게도 그녀는 무척 부자였다. 그녀는 성공한 사업가와 결혼했고, 친정 부모에게서 물려받은 멋진 저택에 살았다.

이후 남편과 사별한 그녀가 세상을 떠났고, 딸이 유품과 각종 서류를 정리하려고 친정집을 찾았다. 딸은 어머니의 침대 밑에서 경품 교환권이 가득한 상자를 여럿 발견했다. 모든 상자는 알파벳순으로 배열돼 있었고, 일부 상자는 여러 해 전의 것이었다. 그런데 더 놀라운 사실은 경품 교환권 상자에서 몇 걸음 떨어지지 않은 곳에 남편이 생전에 론다에게 선물한 수백만 원짜리 보석이 보관돼 있었다는 점이다.

앞서 언급했듯이 대다수 구두쇠들은 '돈은 안전이다'라는 믿음에 사로잡혀 있다. 이 신념을 굳게 믿는 사람은 3장으로 돌아가 '돈 = 안전' 신화의 정체를 폭로하는 부분을 다시 살펴봐도 좋다. 다음은 구두쇠 성향을 한층 유연한 태도를 바꿀 수 있는 최선의 방법이다.

구두쇠 성향의 지나친 근심을 없애줄 과제

- 일주일에 한 번씩 즉각적인 즐거움을 느낄 수 있는 물건이나 일에 돈을 지출하라. 이때 평소에는 좀처럼 사지 않는 물건이나 일을 선택해야 한다.

- 일주일에 한 번씩 사랑하는 사람들을 위해, 평소에는 사치품이나 쓸데없는 것으로 여길 법한 선물을 구입하라.

- 한 달에 한 번씩, 평소에는 보통예금 계좌나 투자 계좌에 넣어둘 만한 일정 금액(2만 5천 원 내지 5만 원이 좋겠다)을 본인이나 사랑하는 사람들을 위해 지출하라.

- 평소 정해진 예산에 따라 돈을 지출하는 편이라면 앞으로 2주일 동안 실험 삼아 그저 충동에 따라 돈을 써보기 바란다. 그런 다음 실험 결과와 원래의 예산을 비교 검토하라.

| 낭비자

낭비자 Spender 는 즉각적인 즐거움을 느낄 수 있는 물건을 즐겨 구입한다. 낭비자는 타인에게 줄 선물을 사는 것도 좋아하는 편이다. 낭비자는 수입의 대부분이나 전부를 지출할 것이고, 많은 빚을 지고 있을 수도 있다(물론 모든 채무자가 낭비자는 아니다. 기본적인 생활비를 댈 만큼의 수입이 없어서 빚을 지는 사람들도 있다).

낭비자는 저축에 소질이 없고, 필요한 것이나 원하는 것의 우선순위를 잘 정하지 못한다. 따라서 낭비자는 미래의 지출과 장기적 목표를 위해 충분한 돈을 저축하는 것에 서툴다. 십중팔구 그들은 예산을 짜서 지출하기를 싫어한다. 대다수 낭비자들은 '예산'이라는 단어 자체를 싫어한다. 예산이라는 소리만 들어도 가슴이 답답하고 거부감이 든다(낭비자를 위한 팁: 예산을 '돈 쓸 계획'이라고 여기면 된다).

당연한 일이지만 낭비자들은 원할 때 당장 쓸 수 있도록 돈을 가까운 곳에 보관하기를 좋아한다. 그들이 투자에 나설 때는 재빨리 처분할 수 있는지 따지는 경향이 있다. 따라서 그들에게는 개인퇴직연금 계좌처럼 접근하기 어려운 곳에 돈을 보관하는 방법이 도움이 될 것이다. 그들이 조기 회수나 빈번한 회수에 불리한 투자 수단을 선택했다면, 이미 과소비 성향에서 벗어나고 있다는 신호일지 모른다.

일부 낭비자들은 공격적인 성향을 보이기도 한다. 그들은 보수적인 장기 투자 종목을 선택하는 대신에 재빨리 고수익을 올리기 위해

낭비자들은 아낌없이 돈을 쓴다

위험을 감수하기를 즐긴다. 당장의 만족을 유보하고 돈을 저축하지 못하는 경향으로 인해 좌절을 겪고 미래를 걱정하는 낭비자들에게는 그들 특유의 낭비 성향을 잘 알고 성급한 판단을 자제하도록 돕는 재무상담사의 조언이 필요하다.

만일 당신이 중독증이나 강박증에 사로잡힌, 극단적인 낭비자라면 통제 불능의 낭비 성향을 부끄럽게 여길 수 있다. 하지만 너무 심하게 자책하지 말기 바란다. 2장에서 언급했듯이 온통 소비만 조장하는 사회에서 중심을 잡고 균형을 유지하기란 쉽지 않다. 추가로 도움이 필요하다면 낭비자들과 그 배우자들을 위해 썼던 책『과소비 극복하기』를 참고하기 바란다.

쇼핑중독에 빠진 낭비자의 사례

샤를린은 따분하거나 약간 우울할 때면 인터넷에 접속해 여러 사이트를 돌아다니며 자신과 자녀들을 위한 물건을 구입했다. 그녀는 엄청난 액수의 신용카드 빚을 졌지만, 최소결제 금액 이상은 감당할 능력이 없었다. 몇 년 동안 이어진 그런 행동 때문에 그녀의 남편은 화가 머리끝까지 치솟았다.

올리비아의 워크숍에 참석한 뒤 샤를린은 자신이 어머니의 지출 패턴을 무의식적으로 모방하고 있음을 깨달았다. 그녀의 어머니는 습관적으로 큰 빚을 지는 강박적 도박꾼이었고, 그럴 때마다 남편에게 매달렸다. 샤를린의 아버지는 수표를 발행해 아내의 빚을 해결했고, 샤를린의 어머니는 깊이 뉘우치며 다시는 도박을 하지 않겠다고 맹세했다. 하지만 그때뿐이었다. 샤를린 역시 습관적으로 남편에게 카드 빚을 갚아야 한다고 털어놨다. 남편은 그녀에게 수표를 주면서 과소비를 삼가라고 주의를 줬고, 샤를린은 그렇게 하겠다고 약속했다. 하지만 며칠 지나지 않아 또 다시 인터넷에 접속해 옷, 장신구, 선물 따위를 쇼핑했다.

어머니의 지출 패턴을 그대로 따르고 있다는 사실을 깨달은 샤를린은 그런 중독성 지출 성향에서 벗어나기로 결심했다. 이후 그녀는 부채중독자 회복모임에 가입하고 올리비아에게 금전 심리치료를 받았다. 이제 그녀는 더 이상 일시적인 즐거움을 위해 남편의 돈을 쓰지 않게 되었다.

낭비자의 충동을 컨트롤하기 위한 과제

- 저축하고 싶은 돈의 액수를 결정하라. 거래 은행에 매월 당신의 입출금 계좌에서 저축예금 계좌로 일정 액수만큼의 돈이 자동이체되도록 신청하라.
- 일주일에 한 번씩은 충동구매를 자제하라.
- 쇼핑에 나설 때는 낭비 성향이 없는 친구와 동행하라. 친구에게 미리 당신이 지출할 최대한의 액수를 알려주고, 그 한도를 지킬 수 있도록 도움을 요청하라.
- 돈을 쓸 때마다 금액과 용도를 적어라. 혹시 돈을 쓸 때 어떤 느

낌이 떠오르면 그 느낌까지 구체적으로 내용을 적어라. 주말에는 평소의 지출 규모를 줄여줄 크고 작은 변화를 궁리하라. 저축한 돈으로 뿌듯함을 느낄 만한 일을 계획하라.

정서적 반발에 당황하지 말 것

통제 불능의 낭비자들은 지출을 자제할 때마다 속으로 크게 짜증을 내는 경향이 있다(때로는 밖으로 짜증을 드러내기도 한다). 자신이 원하는 물건을 구입할 자유를 빼앗긴 듯한 기분을 느끼는 것이다.

이런 정서적 반발이 지금 당신이 간절히 바라는, 한층 균형 잡힌 금전 관리 습관을 익히는 데 걸림돌이 되면 곤란하다. 더 높은 자긍심과 더 굳건한 경제적 안정감을 느낄 수 있는 미래를 상상하라. 만약 몇 주 동안 충동적 지출을 자제하는 데 성공하면 스스로에게 더 구체적인 보상을 제공하기 바란다. 단 많은 비용이 들거나 지출 계획과 배치되는 보상은 곤란하다.

| 폭발형 구매자

폭발형 구매자들Bingers은 구두쇠와 낭비자의 불안정한 조합이다. 그들은 모종의 내부적 압력이 한계에 도달할 때까지는 저축하고 또 저축하지만, 언제 다시 물 쓰듯 돈을 쓰게 될지 본인도 모른다. 폭발형 구매가 심각한 과소비로 이어지면 거액의 빚을 지게 될 수 있다. 과도한 낭비자들과 마찬가지로 극도의 폭발형 구매자들도 부채중독자 회복모임 같은 기관의 도움을 받는 것이 좋다.

폭발형 구매자의 사례

전형적인 폭발형 구매자인 허먼은 오랫동안 부지런히 저축하다가도 갑자기 자동차나 오락용 기기에 수백만 원을 쏟아 부었다. 그런 용도에 지출할 현금이 충분하지 않을 때는, 집세나 공과금을 해결하지 못하더라도 신용카드의 최대한도까지 쓰거나 당좌예금 계좌의 예금액보다 많은 액수의 수표를 발행했다.

허먼의 여자친구는 그의 기이한 저축·지출 패턴에 짜증이 났다. 결국 그녀는 허먼에게 그런 충동적 지출을 반복하는 방식을 깊이 반성하도록 설득했다. 사실 그의 지출 방식은 일종의 열병 같았다. 마치 최면과도 같은 상태에서 그토록 많은 돈을 썼기 때문이다. 열병이 지나가면 잠잠해졌지만, 아무도 언제 그 열병이 재발할지 몰랐다.

허먼은 자신의 지출 패턴을, 그리고 열병 이전과 이후의 느낌을 살펴보기로 했다. 아울러 그는 저축의 취지를 상기하는 차원에서 단기적, 중기적, 장기적 목표를 작성했다. 덕분에 그는 좌절, 갈망, 박탈감, 스트레스 등 자신의 정서적 반응에 관한 여러 가지 사실을 깨닫게 되었다. 그리고 폭발형 구매 충동을 물리칠 방법을 깨닫기 시작하면서 그는 생전 처음으로 자신의 돈 씀씀이를 통제한다는 기분이 들었다.

강박적 할인판매 선호자들

강박적 할인판매 선호자들은 낭비자나 폭발형 구매자 중에서 자주 볼 수 있는 타입이다. 올리비아가 텔레비전 대담 프로그램의 초대손님으로 출연했을 때 겪은 이야기를 잠시 들어보자.

"그 프로그램의 주제는 '구두쇠녀가 방탕남을 만날 때'였고, 내가 맡은 역할은 커플들이 서로의 차이를 해소할 수 있도록 돕는 것이었다. 하지만 무대에 나선 한 커플은 아주 극단적인 문제를 갖고 있었다. 폴은 아내인 이베트와 함께 살고 있는 곳이 눈이 거의 내리지 않는 지역인데도 불구하고 설상차雪上車를 사기 위해 500만 원 이상을 썼다. 왜일까? '할인가격에 살 수 있었기 때문이죠.'라고 이베트는 말했다. 방청객들은 웃음을 터뜨렸지만, 그 부부에게 과소비는 결코 웃을 수 있는 일이 아니었다. 폴의 구매 사유는 단지 할인품목을 너무나 사고 싶은 나머지 참을 수가 없는 것이었다. 그들은 어쩔 수 없이 상담 기관에 도움을 구했고, 지금 폴은 상당한 액수의 빚을 갚기 위해 봉급 전액을 아내에게 맡긴다."

폭발형 구매자를 위한 과제

- 느닷없이 구매욕이 치솟을 때 반드시 자제하라. 그렇게 구매 욕구를 참았을 때의 느낌을 기록하라. 가능하다면 친구에게 전화를 걸어 그 느낌에 관해 대화를 나눠라. 폭발적인 구매 행위를 자제한 자신에게 어떤 보상을 해줄지 생각해 보라.

- 폭발형 구매 행위를 참기 너무 힘들면 속도를 조절하라. 폭발형 구매 이전과 이후의 느낌을 자세히 살펴라. 어떤 일이 벌어지는지 더 확실히 알 수 있도록 그 과정을 생생히 기록하라. 자신이 폭발형 구매로 무엇을 얻을 수 있다고 생각하는지, 그리고 실제로 그것을 얻는지 못 얻는지 기록하라.
- 부채중독자 회복모임 몇 군데를 찾아가 당신과 비슷한 지출 문제로 고민하는 사람들에게 어떤 도움을 받을 수 있는지 알아보라. 그중에서 마음에 들고 편안한 모임에 가입해 적극적으로 활동하라.

| 염려자

염려자Money Worrier는 항상 돈 문제를 고민하는 경향이 있다. 염려자는 본인의 경제 상태에 대한 확실한 통제권을 갖고 싶어 하는 편이다. 그들은 온라인으로 계좌 잔고를 확인하는 데 너무나 많은 시간을 보내며, 늘 수표책을 결산하고, 돈이 어디서 생길지, 어디로 나갈지 걱정한다. 돈이 들어갈 온갖 일이나 거금이 필요할지 모르는 갖가지 재난을 상상하느라 쓸데없는 에너지를 쏟는다.

사실 돈은 우리 인생에서 중요한 비중을 차지한다. 염려자는 많은 돈이 있으면 걱정하지 않아도 될 것이라 여긴다. 그러나 실제로 심

염려자들은 항상 돈 문제를 걱정한다

각한 수준의 염려자는 막상 돈이 많이 있어도 걱정에서 벗어나지 못한다. 오히려 걱정거리만 늘어날 뿐이다(물론 직장을 잃었거나 질병에 걸렸거나 수입이 확연히 줄어들었다면, 진정한 금전적 위기에 놓였다고 할 수 있고 이런 사람이 돈 문제를 걱정하는 것은 당연한 반응일 수 있다).

염려자들은 구두쇠Hoarder이거나 축재자Amasser인 경우도 많다. 그런데 이러한 염려 성향은 나머지 금전 성격 유형과도 결합될 수 있다. 일례로 올리비아는 회복 중인 낭비자 겸 기피자이지만, 발작적 염려 성향과 히피 문화 운동가로 활동하던 시절에서 온 약간의 혐오 성향을 지니고 있다. 공저자 셰리는 과소비를 걱정하는, 구두쇠 성향의 축재자다. 너무 복잡한 설명인가? 사실 개인의 금전적 인식 수준을 향상시키는 과정에서 다수의 금전 성격 유형 가운데서 균형을 잡는 것은 꽤 흥미진진한 도전이다.

염려자의 사례

50세의 여성 제너비브는 만성적인 염려자였다. 그녀는 남편과 함께 가족기업을 운영하면서 넉넉하게 살았지만, 언제나 돈 문제를 걱정했다. 그녀는 늘 예산을 다시 짰고, 아이들에게 돈 간수를 잘하라고, 사기를 당하지 말라고 신신당부했다.

아버지가 세상을 떠나고 병든 어머니가 그녀의 집에서 함께 살게 되면서 제너비브는 그 새로운 부담과 비용에 압박감을 느낀 나머지 심각한 우울증에 빠졌다. 외부에 도움의 손길을 요청하거나 어머니를 제대로 보살펴줄 만한 상태가 아니었던 것이다.

결국 제너비브는 심리치료를 받기 위해 올리비아를 찾아왔고, 몇 달 동안 그녀의 만성적 염려증을 극복하기 위한 노력이 계속됐다. 다행히 제너비브는 남편이나 친구나 지역사회에 도움을 호소할 수 있게 되었다. 그녀는 자신에게 없어서 아쉬운 것 대신에 자신에게 내린 축복에 초점을 맞추는, 감사 일기를 쓰기 시작했다. 걱정이 조금씩 사라지자 어머니 때문에 생긴 난감한 상황에 대처할 자신감이 생겼다. 마침내 그녀는 금전적 측면과 정서적 측면에서 해법을 찾을 수 있었고, 남편과 아이들은 늙고 병든 가족을 돌보면서 겪는 스트레스를 적절히 극복하도록 도울 수 있었다.

염려자를 위한 과제

- 하루에 15분에서 30분씩 시간을 내어 돈을 둘러싼 근심의 내용을 적고, 그 걱정거리에 관해 집중적으로, 적극적으로 생각하라. 최악의 상황이 벌어질 때 어떤 조치를 취할지 또는 어떤 수단을 동원할지 적어라. 매일 같은 시간에 그런 '걱정과의 데이트'를 하라. 아침 일찍 걱정과의 데이트에 나서면 나머지 시간을 돈 걱정에서 벗어나기 위한 훈련에 투입할 수 있다. 그러나 주로 오후에 돈 걱정을 하는 편이라면 그 시간을 택해도 된다.
- 돈 걱정을 하는 요일과 하지 않는 요일을 정하라. 예를 들어 월요일, 수요일, 금요일에는 돈과 관련한 걱정거리를 공책에 적고

그것에 관해 집중적으로, 적극적으로 생각하라. 대신 화요일, 목요일, 토요일, 일요일에는 다른 일에 전념하라. 돈 걱정을 하지 않는 요일과 하는 요일에 당신이 느끼는 기분이 어떻게 다른지 살펴보라.

- 몇 주 동안 일주일에 한 번씩 다음과 같은 문제를 고민해 보기 바란다.

  ① 내가 돈 걱정을 통해 얻는 이익은 무엇인가?

  ② 내가 이토록 심하게 돈 걱정에 시달리는 이유는 무엇인가?

  ③ 돈 걱정을 하지 않으면 어떤 나쁜 일이 생길까?

  ④ 앞의 세 질문에 대한 답변에서 엿보이는 내 신념의 출처는 어디일까?

  ⑤ 돈 걱정을 하지 않으면 내 인생은 어떻게 될까?

  ⑥ 바로 앞 질문과 관련해 내가 상상한 시나리오에서 특히 어느 부분이 두려운가?

  ⑦ 내가 원하는 이상적인 시나리오는 무엇인가?

일주일 동안 돈 걱정을 하지 않는 데 성공했다면 스스로에게 보상을 제공하라. 그러나 돈 걱정을 유발하는 보상은 금물이다.

| 기피자

기피자Money Avoider는 수표책 결산이나 대금 지불을 빨리 하지 않는 경향이 있다. 기피자는 세금을 최대한 늦게 납부한다. 또는 세무 대리인이 요구하는 자료를 최대한 늦게 제출한다. 기피자는 얼마나 많은 돈이 있는지, 얼마나 많은 빚을 지고 있는지, 평소 얼마나 많은 돈을 쓰는지 모를 가능성이 크다. 왜냐하면 기피자는 예산이나 회계를 싫어하기 때문이다. 설령 투자할 자금이 있다 해도 투자에는 나서지 않는 쪽이다. 너무 골치 아파 보이기 때문이다.

이런 기피 성향의 원인은 무엇일까? 어떤 기피자들은 혐오자들과 마찬가지로 돈은 더러운 것이라고 믿는다. 또 어떤 기피자들은 돈 문제의 따분하고 자잘한 세부사항에 대해 일종의 경멸감을 갖고 있다. '다른 누군가가 이 모든 것을 나 대신 처리해야 해!' 하고 생각하는 것이다. 한편 돈 관리를 둘러싼 위압감과 무력감을 느끼는 기피자들도 있다. 극단적인 기피자들은 금전적 의사결정에 관해 이를테면 수학 불안증과 비슷한 일종의 불안감이나 마비감을 느낄 수도 있다. 대체로 기피자들은 스스로 돈 관리 같은 복잡한 일을 처리할 능력이 없다고 여긴다.

남자와 여자 모두 기피자일 수는 있다. 그러나 앞으로 살펴보겠지만, 금전 공포증이 있는 여자들은 피하고 싶은 돈 문제를 만날 경우 남자들보다 더 당황하고 걱정하고 난감해한다. 반면 금전 공포증이

기피자들은 늘 돈을 부정적으로 바라본다

있는 남자들은 같은 상황에 놓여도 더 침착하고 여유롭고 태연하게 행동하는 경향이 있다. 여자들은 무력감을 솔직히 인정하고 금전 기피증을 부끄럽게 여기는 반면, 남자들은 특유의 방어기제 때문에 아무 일 없다는 듯 행동하는 편이다. 그러나 남자와 여자 모두 본인의 금전 기피증이 너무 오랫동안 지속되면 자존감을 잃기 마련이다.

만일 기피자들이 이 불편한 느낌을 기꺼이 직시하고 싶다면 재무상담사의 도움을 받아 돈을 적절히 다루고 관리하는 방법을 터득할 수 있을 것이다. 그들은 대부분의 의사결정을 남에게 맡기는 경향이 있기 때문에(독자적인 의사결정을 계속 미룬 채) 그 중요한 일을 맡길 수 있는 믿을 만한 재무 전문가를 확보하는 것이 관건이라고 볼 수 있다.

그러나 기피자들이 택할 수 있는 이보다 훨씬 더 건전한 해법은 재무상담사에게 도움과 안내를 받으면서 자신의 금전 문제를 점점 더 책임지는 연습을 하는 것이다. 그래서 우리는 재무상담사들을 '심리치료적 교육자'라고 부른다. 심리치료적 교육자들은 기피자들의 능력 향상에 집중함으로써 그들이 자신감 없는, 유아적 상태에서 벗어나도록 유도할 수 있다. 돈과 투자에 관해 점점 많은 사실을 알게 될 때 기피자들도 자신의 금전적 선택으로 얼마나 많은 이익을 얻을 수 있는지 알게 될 것이다.

기피자의 사례

전형적인 기피자인 일리스는 학창시절에 수학 불안증으로 고생

했다. 훗날 그녀는 돈을 관리할 때도 비슷한 불안감을 느꼈지만, 돈 관리 문제는 걱정하지 말라는 연상의 남편과 결혼하면서 한시름 놓을 수 있었다. 남편은 돈 관리를 도맡아 처리했다. 그런데 남편이 갑자기 세상을 떠나자 일리스는 당황하지 않을 수 없었다. 그녀에게는 돈 관리 경험이 전혀 없었다. 그래서 남편이 물려준 돈을 자신이 어리석은 결정으로 몽땅 날릴까 봐 걱정했다. 결과적으로 그녀는 아무런 결정도 내리지 않았고, 무력감과 수치심 때문에 타인의 도움을 구하지도 못했다.

결국 그녀는 어느 재무설계사의 사무실 문을 두드렸고, 거기서 초기 정보수집을 위한 서류를 작성하는 동안 눈에 띄는 불안 증세를 보였다. 재무설계사는 첫 번째 상담에서 일리스가 후에도 잊지 못하는 아주 인상적인 한 가지 조치를 취했다. 그는 일리스의 어깨에 양손을 얹었고, 그녀의 두 눈을 바라봤고, 그녀에게 긴장을 풀라고, 앞으로 현명한 금전적 결정에 필요한 모든 정보와 도움을 얻을 수 있음을 믿으라고 말했다. 그는 금전 문제에 관한 일리스의 심각한 불안감에 주목했고, 다행히 자신에게 찾아와 도움을 구한 그녀의 용기를 칭찬했다.

그 따뜻한 조치 덕분에 일리스는 긴장을 풀 수 있었다. 그로부터 몇 년 뒤 일리스는 어느 워크숍에서 이제 자신 있게 돈을 다룰 수 있게 되었으며, 정서적으로나 금전적으로 아무런 문제가 없다고 털어놓게 되었다.

기피자를 위한 과제

• 일주일에 한 번씩, 평소 기피하는 금전적 태도나 행동 한 가지를 시도하라(예컨대 회계 기록 보관용 서류철 정리하기).

• 평소 납세용 자료 수집 같은 금전적 과제를 미루는 경향이 있다면 앞으로 반드시 시간을 정해 그 과제를 수행하라. 막상 과제를 수행하려고 해도 심각한 거부감이 들면 누군가에게 함께 있어 달라고 부탁하거나 스스로 거부감을 희석시킬 수 있는 방법을 강구하라.

• 평소 대금을 아주 늦게 결제하는 편이라면 청구서가 날아오는 즉시 처리하도록 노력하라.

• 한 달에 한 번씩, 유명한 금융 잡지나 웹사이트를 참고해 주택담보대출, 신용카드, 퇴직연금 투자 등에 관한 정보를 수집하라.

• 금전적 과제가 너무 어렵다는 생각이 들면 친구, 사랑하는 사람, 재무 전문가 등의 도움을 받아라. 그러나 바로 앞의 정보 수집 관련 과제를 명심하기 바란다. 당신이 많은 정보를 알고 있어야 조언을 해주는 사람이 정말 당신의 목표 달성을 돕고 있는지 정확히 판단할 수 있다.

이 과제 중 하나를 선택하든 직접 고안한 과제를 수행하든 평소 기피하는 금전적 과제를 수행할 때의 느낌을 꼼꼼히 살펴라. 그 새로운 행위를 실천한 자신에게 보상을 제공하라. 하지만 다른 금전적 과제를 회피하는 방식의 보상은 곤란하다.

| 혐오자

혐오자Money Monk는 과다한 돈을 타락의 지름길로 생각한다. 일반적으로 혐오자는 돈을 나쁘고 더러운 것으로 본다. 혐오자의 관점에서 돈은 '모든 악의 뿌리'다. 따라서 혐오자는 돈이 별로 없는 사람들에게 동질감을 느낀다. 예를 들어 거액의 유산 상속 같은 뜻밖의 횡재를 만나면 혐오자는 한꺼번에 많은 돈이 생기는 상황을 불편해하고, 심지어 그 때문에 불안감을 느끼는 경향이 있다. 혐오자는 돈 때문에 '영혼을 팔아먹고' 탐욕과 이기심이 커질까 봐, 그리고 긍정적인 방향의 인간적, 정치적, 종교적 이상과 가치관을 상실할까 봐 염려한다.

혐오자는 갖고 있는 돈이 불어날까 봐, 더 부유해질까 봐 투자를 삼간다. 설령 투자를 한다고 해도 대부분 자신의 뿌리 깊은 가치관이나 확신에 부합하는 투자, 그리고 자신이 선뜻 지지할 만한 명분이 있는, 사회적 책임을 지는 투자만 편안하게 여길 것이다.

고결한 혐오자의 사례

검소한 삶을 강조하고 물질주의를 배격하는 천주교 학교에서 수녀

126

혐오자는 돈을 더럽게 여긴다

들의 가르침을 받은 샤론은 전형적인 혐오자였다. 그녀는 1960년대에 사회운동가로 활동하며 평화 행진에 참가했고, 급식시설에서 자원봉사를 했다. 베트남 전쟁에 반대하고 빈민과 노숙자 문제를 해결하기 위한 시위를 조직하기도 했다. 그녀는 1968년에 대학을 졸업한 뒤 평소 존경하던 어느 의사 밑에서 일했다. 몇 년 뒤 그 의사는 봉급을 대폭 인상해 주겠다고 말했다. 그런데 샤론은 봉급 인상에 따른 부담감을 이기지 못한 나머지 자발적 태업을 시도했다. 돌이켜보면 그 자멸적 행위의 원인은 너무 많이 생긴 돈에 따른 불안감이었다. 샤론은 봉급이 오른 지 몇 달 만에 직장을 그만뒀고, 봉급이 훨씬 적은 비영리단체로 일자리를 옮겼다. 덕분에 편안하고 익숙한 곳으로 다시 돌아온 느낌이 들었고, 개인적인 즐거움이나 기쁨은 도외시한 채 근근이 대금을 지불하는 삶을 이어나갔다.

몇 년 뒤 올리비아가 진행한 어느 워크숍에서 샤론은 '돈은 타락의 지름길'이라는 어긋난 믿음 때문에 삶을 즐길 수 있는 자신의 능력과 선택권이 제약을 받았다는 사실을 깨달았다. 그녀는 재키 오나시스 같은 지나치게 부유한 여성이 되고 싶은 마음은 전혀 없었지만, 이제는 올바른 삶에 관한 자신의 확고한 믿음을 표현하면서도 동시에 돈을 더 즐겁게 쓸 수 있다는 것을 알게 되었다.

혐오자를 위한 과제

- 지금까지 '이기적'이거나 '퇴폐적'으로 여겼던 방식으로 본인을

위해 돈을 써보기 바란다. 혹시 그 새로운 행위가 즐거운가?

- 거액의 돈이 생겼지만 당신은 타락하지 않는다고 상상해 보자. 그때 과연 어떤 느낌이 들겠는가? 그 돈으로 무엇을 하겠는가?

- 당신이 알고 있거나 책이나 글에서 읽은, 돈이 많으면서도 타락하지 않은 사람들(자기 돈으로 여러 가지 모범적이고 바람직한 일을 하는 사람들)에 대한 사례, 이미지, 기억 따위를 떠올려보기 바란다. 그들이 어떻게 보이는가? 그들과 당신에게 어떤 공통점이 있는가?

- 부유하면서도 타락하지 않은 사람들을 떠올려보라. 부유함이 곧 탐욕의 동의어가 아니라는 사실을 이해할 수 있겠는가?

| 축재자

축재자Amasser는 자기 마음대로 처분할 수 있는 거금을 갖고 있을 때 가장 행복하다. 사실 축재자는 더 많은 돈을 모으려고 열심히 일하지 않으면 공허함이나 무력감을 느낄 수 있다. 돈을 불리는 데 촉각을 곤두세우는 축재자에게 삶의 균형을 맞추기는 어려운 도전이다.

축재자는 쓸데없어 보이는 용도에 돈을 쓰거나 심지어 자선활동에 기부하는 것도 싫어하기 때문에 인색한 사람으로 평가될 수 있다. 축재자는 본인의 목표치를 달성하면 현재의 태도가 바뀔 것이라고

축재자들은 돈을 불리는 데 집착한다

생각하기도 한다. 예를 들어 가족에게 이렇게 말할 것이다. "여보, 500억 원만 모으면 우리 함께 휴가도 떠날 거야." 축재자는 돈을 자긍심이나 힘과 동일시하는 경향이 있기 때문에 돈이 부족하면 좌절감과 우울감을 느낄 수 있다.

투자상담사나 재무설계사의 도움을 받을 경우 축재자의 주요 관심사는 수익률이 높은 투자 종목을 고르는 것이다. 되도록 빨리 많은 돈을 벌고 싶기 때문이다. 축재자는 독자적인 재정 의사결정을 즐기고, 재무 전문가에게 많은 재량권을 부여하기를 싫어할 가능성이 높다.

만일 염려 성향도 있는 축재자라면, 그리고 돈에 너무 집착하는 스스로의 태도에 싫증을 느끼는 사람이라면 믿을 만한 재무상담사에게 재정 생활의 몇 가지 세부사항을 기꺼이 위탁하려고 할 것이다. 하지만 그런 사람은 시장 상황이 악화될 때 크게 당황할지 모른다. 재무상담사에게 화를 내지 않고 위기를 극복하는 방법을 배울 필요가 있다.

일벌레형 축재자의 사례

축재자인 케빈은 실제로 필요한 것보다 훨씬 더 많은 돈을 벌기 위해 매일 장시간 일했다. 저녁과 주말에도 그는 몇 시간씩 컴퓨터 앞에 앉아 투자 상황을 점검했다. 아내인 케리와 휴가를 떠날 때마다 그는 반드시 본인이 이룬 부와 성공을 과시할 수 있는 장소를 골랐다. 그는 아내에게 비싼 모피와 보석을 사줬고, 아내가 멋지게 치장한 모습을 자랑스러워했다.

그러나 긴장을 풀어야 하는 때조차 그는 재산을 불리는 방법을 연구했다. 그렇게 세월이 흘렀고, 돈에 대한 집착 때문에 친구들과 가족들은 그를 지루하고 따분한 사람으로 여기게 되었다. 결국 아내가 이별을 통보하자 충격에 사로잡힌 그는 이렇게 반문했다. "지금까지 온갖 선물을 다 사줬는데도 이혼을 하겠다는 거야?"

아내는 냉정하게 대답했다. "당신이 이런 식으로 묻는 것 자체가 바로 몇 년 동안 당신이 내 곁에 없었다는 증거야. 당신은 돈만 생각하잖아? 나는 당신에게 인생을 공유하는 존재가 아니라 진열품에 불과한 것 같아. 나는 내가 말을 걸 수 있는 사람과의 진정한 관계가 필요해."

이혼의 충격 이후 케빈은 돈 집착증의 심각한 폐해를 조금씩 이해하기 시작했다. 돈 때문에 인생을 망칠 수 없다는 점을 깨달은 그는 새로운 배우자와의 진정한 관계를 맺기 위해 더 많은 시간과 노력을 쏟았다.

축재자를 위한 과제

• 주말이나 휴가 기간에 적어도 하루는 돈 문제를 전혀 다루지 말고 시간을 보내기 바란다. 이것을 몇 주 동안 연습해도 좋다. 시간이 흐름에 따라 자신의 기분이 어떻게 달라지는지 살펴보는

것도 좋다.

- 목표나 꿈에 도달하기까지 돈을 많이 들이지 않고도 보람을 느낄 수 있는 것을 몇 가지 생각해 보기 바란다. 그 꿈이나 목표 중 하나를 달성하기 위해 노력을 기울일 수 있는가?

- 지금보다 돈에 덜 집착했던 시절을 상기해 보자. 그때 어떤 느낌이었는가? 그때가 좋았는가? 아니면 싫었는가? 혹시 그때 두려움을 느꼈는가? 하루 날을 잡아 돈에 대한 유연한 태도를 시도해 보고, 어떤 기분이 드는지 확인해 보자.

이제 남은 금전 성격 유형은 위험 감수자와 위험 기피자이다. 두 가지 모두 기본적으로 투자 방식과 관계가 있다. 일반적으로 커플 중 한쪽은 위험 감수자이고, 다른 쪽은 위험 기피자다. 그리고 이 상반되는 성향이 갈등의 원인으로 작용하곤 한다. 혹시 당신과 배우자도 그런가?

| 위험 감수자

위험 감수자Risk Taker는 '최대의 리스크는 최대의 보상을 가져온다.'라는 투자 격언을 중요시한다. 반면 최대의 위험이 최악의 실패를 초래할 수 있는 가능성은 무시한다. 위험 감수자는 위험을 무릅쓰

위험 감수자들은 스릴을 즐긴다

고 파도를 타는 모험을 즐긴다. 그들에게 안전과 안정은 자신의 금전적 행위와 선택을 얽매는 죄수용 구속복과도 같다.

위험 감수자는 대체로 남자들이 많은데, 그들의 관점에서 파도타기의 짜릿한 스릴은 목적지에 도달하는 것보다 더 중요하다. 그들은 친구나 증권 중개인에게 들은 확실한 정보를 이용해 떼돈을 벌 수 있다는 희망을 품고 한꺼번에 많은 돈을 투자하곤 한다. 그러다가 금전적 손실을 입으면 극심한 좌절감과 우울감에 빠지는 경향이 있다.

위험 감수자를 위한 과제

- 위험 부담이 큰 종목에 투자한 금액 중 일부를 빼내어 은행이나 신용조합의 저축예금 계좌 같은 안전한 곳으로 옮겨라. 적어도 2주일 동안 안전한 곳에 보관하고, 그때의 느낌을 기록하라.
- 일주일 동안 단 한 번도 금전적 위험을 감수하지 않고 살아본다. 돈과 무관한 삶의 다른 영역에서 즐거움을 찾을 수 있는지 점검하라.
- 혹시 당신이 위험 감수자로 성장하는 과정에 영향을 미쳤을지 모르는 유년기의 기억이나 모델이 있었다면 그것에 관해 깊이 생각해 보고 그 내용을 상세히 묘사하라.

여기서 제시한 과제나 당신이 직접 고안한 과제 중 하나를 수행하다 보면 아마 지루함, 실망감, 답답함, 심지어 우울감을 느끼게 될 것이다. 하지만 장담컨대 그런 느낌은 곧 사라진다. 예전보다 더 보수적인 태도로 접근하면 결국 더 차분하고 편안한 기분이 찾아올 것이다. 당신의 배우자가 비교적 위험 기피자에 가까울 경우, 더 깊은 공감과 친밀감을 가지고 온건하고 현명한 투자 전략으로 배우자에게 다가가면 두 사람이 중립지대에서 만날 가능성이 높아질 것이다.

| 위험 기피자

위험 기피자Risk Avoider는 안전과 안정을 가장 중시한다. 위험 기피자는 월말에 지출이 몰려오는 '날벼락'을 피하기 위해 예산을 꼼꼼히 짜는 경향이 있다. 투자를 할 때도 수익은 낮지만 위험 부담도 낮은 투자 종목을 선택한다. 위험 기피자는 굳이 돈을 가까이 두려고 하지 않는다. 위험 기피자의 투자 목적은 자신과 가족에게 안전한 미래를 보장하는 것이다.

주로 여성일 가능성이 높은 위험 기피자들은 계획을 세우는 일에 만족감과 안정감을 느낄 수 있다. 반면 그들에게 금전적 위험을 감수하는 것은 눈을 가리고 절벽에서 뛰어내리는 일과도 같다. 그들은 위험 부담을 즐기는 사람들을 이해하기 어렵다. 상상도 할 수 없다.

위험 기피자들은 돈을 최대한 안전하게 보관하려고 애쓴다

위험 기피자를 위한 과제

- 일주일에 한 번씩, 위험해 보이는 금전적 행동 몇 가지를 시도하라(예를 들면 충동구매).

- 금전적 위험을 감수한 덕분에 돈을 많이 벌게 되는 경우를 되도록 자세하게 상상하라. 위험 감수와 그에 따른 긍정적 결과에 대한 모든 느낌을 떠올려라. 그렇게 떠올린 상황 중 하나가 평소 감당할 만한 수준을 넘는 금전적 위험과 관계있다면 그 위험을 감수하는 방향으로 나아가기 위해 어떻게 해야 할지 생각해 보자.

- 보통예금 계좌나 다른 안전한 투자처에 넣어둔 자금 중 25만 원을 빼내어, 수익은 높을 듯하지만 위험해 보이는 투자처로 옮기는 경우를 고려해 보자. 25만 원을 다른 곳에 투자할 때의 느낌, 그리고 이후의 결과를 기다릴 때의 느낌에 주목하라.

- 당신이 위험 기피 성향을 띠게 된 이유를 되도록 자세하게 생각해 보고 설명하라. 혹시 파산한 누군가의 사례나 어떤 다른 충격적인 사건에 영향을 받았는가?

위험 기피자가 금전적 위험을 감수하기란 매우 힘든 일이다. 그들은 앞으로 위험 부담을 허용하는 수준을 높이는 과정에서 자신감과 창의성을 얻게 될 것이다. 자신이 가진 불안감이 그 앞에서 무릎을 꿇을 것임을 확신할 필요가 있다.

| 모든 금전 성격 유형에는 긍정적인 측면이 있다

지금까지 다양한 금전 성격 유형을 살펴봤다. 그 한계와 불균형적 성향을 들여다봤지만, 재차 강조하거니와 각 성격 유형에는 긍정적인 속성 또한 있다.

구두쇠들은 예산 편성, 우선순위 결정, 만족의 유보 등에 능하다. 낭비자들은 자신과 타인 모두에게 관대하고, 순간순간의 삶을 즐기는 방법을 안다. 혐오자들은 도덕 수준이 높고, 고귀한 이상에 헌신한다. 축재자들은 돈이 베푸는 다양한 혜택을 알고 있다. 염려자들은 금전적 책임감이 크고, 경제적 상황을 꾸준히 점검한다. 기피자들은 돈이 인생에서 지나치게 큰 비중을 차지하지 않도록 유의하고, 돈과 무관한 분야의 활동에 창의적이고 건설적인 방식으로 참여한다. 위험 감수자들은 위험의 가치를 알고, 위험 기피자들은 안전의 가치를 안다.

| 네 번째 '머니 하모니' 과제 자신을 깨닫는 효과적인 방법

자신의 태도와 행위 중에서 어떤 것을 바꾸고 싶은지 파악하는 것이 우선 중요하다. 그러고 나서 그런 변화를 이룰 수 있는 최선의 방법을 알아내야 한다. 지금까지 당신이 터득한 내용을 바탕으로 다음 질문에 대한 답변을 잠시 생각해 보고 기록하라.

- 다양한 성격 유형의 특징 중 혹시 당신에게 어떤 식으로든 문제를 유발하는 것이 있는가?
- 다양한 성격 유형의 특징 중 당신과 배우자 사이의 긴장을 초래하는 것은 무엇인가?
- 다양한 성격 유형의 특징 중 당신에게 가장 뿌리 깊고 고질적인 것은 무엇인가?
- 전체적으로 당신이 바꾸고 싶은 것은 근본적인 태도인가, 아니면 문제를 유발하는 행동인가, 아니면 둘 다인가?
- 여러 가지 부정적 특징이나 만성적 패턴 가운데 몇 가지를 골라 그것과는 전혀 다른 '습관에서 벗어난 행동 연습하기'를 장기간 실천할 수 있다. 당신이 극복하고 싶은 것은 무엇인가?
- 익숙하지 않은 행동을 수행하는 방법을 배울 때 기존의 태도를 억제하려고 애쓰는 것이 어렵진 않은가? 아니면 당신의 금전 성격 유형에 어울리지 않는 새로운 행위를 수용하는 것이 쉬운가?
- 새로운 행위를 확실히 습관화하는 데 가장 효과적인 보상은 무엇인가?
- 새로운 행위에 대한 스스로의 반응을 점검하고 변화를 진전시키는 데 가장 효과적인 방법은 무엇인가? 그 방법은 새로운 행동이나 태도를 시도할 때 느끼는 감정을 기록하는 데 도움이 되

는가? 자신의 반응을 예상하는 데 도움이 되는가?

　스스로에 대해 더 많은 사실을 깨달을 수 있으면 미묘하고도 의미 있는 조절이 가능하다. 따라서 당신의 금전 성격 유형은 극단적인 불균형이나 압박감에서 벗어나 당신에게 잘 어울리는 여러 유형의 조합으로 변모할 것이다. 돈과의 대화Money Dialogue가 주제인 5장에서는 돈 문제와 금전 갈등의 정체를 파악할 수 있는 가장 효과적인 방법을 배우고, 그 문제를 해결할 수 있는 가장 효과적인 과제를 수행하게 될 것이다.

5장

돈과 나, 둘만의 대화

당신을 성장시키고 변화시키는 최고의 수단

자신이 돈과 어떤 식으로 연결되어 있는지 평가하려고 할 때 균형 잡힌 관점을 확보하기가 힘들기 마련이다. 몇 년 전 올리비아가 고안한 '돈과의 대화'는 이 문제를 해결하는 데 탁월한 도움이 되고 있다. 돈과의 대화는 자신을 더 깊이 이해하고 싶은 사람들에게 큰 보탬이 되는 수행과제로서 인정받고 있다. 올리비아는 돈과의 대화가 탄생한 과정과 그 가치를 다음과 같이 설명한다.

"머니 하모니에 관해 설파하기 시작했을 때 나는 우리 모두가 '돈'이라는 대상과도 인간관계와 유사한 관계를 맺고 있다는 생각을 했다. 처음엔 사람들이 부정적인 반응을 보일까 싶어 우려했다. 하지만 이 은유를 통해 우리가 돈과 어떤 관계를 맺고 있는지 여러 측면을 탐구하면(이를테면 그 관계의 현재 상태, 과거로부터의 주요 영향, 앞으로 필요한 변화) 돈의 현명한 사용을 가로막는 다양한 비합리 요소를 발견할 수 있을 것으로 확신했다.

그래서 나는 기존의 게슈탈트(형태 심리학. 인간은 어떤 대상을 개별적 부분의 조합이 아닌 전체로 인식하는 존재라고 주장) 심리요법을 바탕으로 이른바 돈과의 대화라는 과제를 만들어 냈다. 그러나 아직 확신이 서지 않았다. '사람들이 혹시 이 과제를 너무 이상하게 여기지 않을까? 일부 자유로운 사고의 소유자들을 제외한 보통사람들이 과연 자발적으로 돈과의 대화를 작성해 낼 수 있을까?

다행히 내 걱정은 기우였다. 대부분의 의뢰인들은 기꺼이 돈과의 대화를 작성했고, 그것을 통해 많은 정보를 얻어냈다. 어떤 의뢰인들은 그 과제가 정말 재미있었다고 말했다. 돈과의 대화 수백 편을 읽고 들은 뒤 나는 윌 로저스Will Rogers(20세기 초에 활동한 미국의 칼럼니스트, 유머 작가, 배우)의 명언을 살짝 바꿔 이렇게 말해야 했다. '내 마음에 들지 않은 돈과의 대화는 하나도 없었다.' 의뢰인들이 작성한 돈과의 대화는 하나같이 깊은 의미가 담겨 있었고, 대부분 재미있고 감동적이고 심오했다."

머니 하모니를 향해 한걸음 더 다가가는 의미에서 돈과의 대화를 한 편 이상 작성해 보기 바란다. 아마 다른 사람들처럼 당신도 자신에 관한 새로운 사실을 알 수 있을 것이고, 정말 기발하면서도 재미있는 과제라는 생각이 들 것이다.

돈과의 대화를 작성하는 법

우선 '돈'을 마치 당신과 어떤 관계가 있는 사람으로 가정하고, 그 관계가 어떤지에 대해 돈과 대화를 나눈다고 상상해 보자. 만일 상상하기 어려우면 '머니Money'라는 사람이 텔레비전 대담 프로그램에 초대 손님으로 출연하는 모습을 떠올려보자. 머니 씨는 당신에게서 어떤 대접을 받는다고 말할까?

예를 들어 당신이 낭비자일 경우 아마 돈은 이렇게 말할 것이다.

어머니　　하느님　　아버지

돈과의 대화

"그는 나를 함부로 다뤄요. 존중심이라고는 찾아볼 수 없죠." 구두쇠일 경우에는 "그녀는 나를 너무 꽉 움켜잡아요. 숨을 쉴 수 없을 지경이에요."라고 불평할 것이다. 당신이 혐오자이면 "그는 나를 더럽게 여깁니다. 참 잘난 사람입니다!"라고 평가할 것이다.

이처럼 돈이 대담 프로그램에 출연해 발언하는 장면을 떠올리면, 돈을 당신과 관계를 맺고 있는 사람으로 상상하기가 더 쉬워질 것이다.

이제 돈에게 직접 말을 걸면서 돈과의 대화를 작성해 보자. 이때 나중에 다시 검토할 수 있도록 대화 내용을 기록하거나 녹음하는 것이 가장 좋다. 돈과 대화를 나눈 후에는 이 대화에 관한 '내면의 논평'을 준비한다. 당신의 가장 가까운 사람이 이 대화를 읽었을 때 어떤 평가를 할지 써보는 것이다. 다음의 다섯 단계를 밟아 준비한다.

1. 당신과 돈의 관계를 주제로 돈과의 대화를 나눠라. 대화의 길이는 당신에게 달렸다. 대화 속도를 알아서 정하고, 대화가 자연스럽게 마무리되는 듯한 느낌이 들 때까지 대화를 지속하라. 돌발적인 상황을 담담히 받아들여라. 당신과의 관계 속에서 돈이 드러내는 모습이 머릿속에 떠오르면 그것을 있는 그대로 묘사하라.

2. 어머니(말하자면 당신 머릿속에 떠오르는 당신 어머니의 목소리)가 당신이 작성한 돈과의 대화를 방금 읽었다고 가정하라. 대화를 읽은 어머니

는 과연 어떤 의견을 내놓을까? 어머니의 논평은 아주 간단해야 한다. 한두 문장이거나 짧은 한 단락이어야 한다.

3. 이번에는 아버지가 그 대화를 듣고 의견을 제시한다고 가정하라. 가끔 어떤 아버지(또는 어머니)는 아무런 논평이나 반응을 보이지 않을 때도 있다. 물론 무반응에도 의미가 담겨 있다. 하지만 일단 아버지가 당신과 돈의 대화를 읽고 나서 논평을 내놓는다고 상상하라.

4. 어머니와 아버지를 제외하고 과거에 당신에게 큰 영향을 미쳤던 사람이 당신과 돈의 대화에 의견을 내놓는 장면을 상상하라. 예를 들어 배우자(이혼한 경우는 과거의 배우자)라면 아마도 어떤 의견을 제시할 것이다. 할아버지나 할머니, 대부, 종교적 스승, 절친한 친구 등 당신과 돈의 관계에 영향을 미친 사람들은 어떤 의견을 내놓을까?

5. 끝으로 하느님이나 당신 내면의 목소리가 당신이 작성한 돈과의 대화를 듣고 의견을 제시하는 경우를 상상하라.

만약 돈과의 대화를 작성하기가 어렵다면 다음에 나오는 낭비자, 구두쇠, 기피자, 혐오자, 축재자 등이 작성한 돈과의 대화 샘플을 참고해도 좋다. 그러나 되도록 당신 나름대로 돈과의 대화를 먼저 작성한 뒤 사례를 읽어보기 바란다.

| 낭비자 올리비아와 돈의 대화

아래는 올리비아가 회복 중인 과소비자로서 작성한 돈과의 대화이다.

돈: 너는 중요한 장기적 목표를 달성할 수 있을 만큼 오랫동안 나를 간직할 능력이 전혀 없어 보여.

올리비아: 나는 너를 쓸 때만 행복하고 살아 있는 듯한 느낌이 들어. 너를 쓰지 않을 때는 허전하고 울적해.

돈: 너는 내가 할 수 있는 일의 한쪽만 보고 있어. 너는 진득한 구석이 없어.

올리비아: 맞아. 나는 순간적인 기분에 빠질 줄만 알고 자신을 진심으로 대접할 줄은 몰라. 그러니까 나를 나무라지만 말고 좀 도와주면 안 되겠어?

돈: 내가 해줄 수 있는 것은 없어. 난 동전과 지폐일 뿐이야. 아마 네 남편이나 친구나 심리치료사가 도움이 될 거야. 솔직히 나도 잘 모르겠어.

올리비아: 내가 돈과 관련한 장기적인 목표에 집중할 수 있다면 안락한 노후나 여행, 그리고 우리 아들의 학업을 위해 더 많이 저축할 수 있을 텐데. 그리고 기분을 내고 싶을 때나 우울할 때 옷을 사거나 돈을 마구 쓰는 것 말고 정말 스스로의 성장에 도움이 되는, 새로운 방법을 찾을 수 있을 텐데 말야.

돈: 그래 맞아. 이제는 나를 함부로 쓰지 말고, 나를 좀 존중해 줘.

올리비아: 노력해 볼게.

| 낭비자가 쓴 내면의 논평

남편: 앞으로 신용카드 대금을 연체하지 마. 안 되겠다 싶으면 얘기해. 내가 도와줄 수 있으니까. 그리고 세금과 은퇴 이후를 대비해 수입의 일부분을 꼭 저축하도록 해.

어머니: 나처럼 마음껏 즐겨라. 인생은 짧단다. 너나 나나 우리가 정말 원하는 모든 것을 해줄 수 있는 남자를 만나지 못한 점이 아쉬워. 그런데 너는 참을성이 너무 없어. 자제심을 키울 필요가 있어.

아버지: 지금은 괜찮은 것 같구나. 하지만 앞으로도 괜찮을지는 모르겠다. 네 엄마가 생각하는 것처럼, 나도 네가 모든 것을 해줄 수 있는 부자 남편을 만나지 못한 점이 아쉽구나.

하느님: 네 부모가 정말 네게 필요한 조언을 하지 못하는 모습을 보니 안타깝다. 그러나 너는 올바른 방향으로 나아가고 있다. 돈에 관해서는 네 남편의 조언을 따르는 편이 좋겠다. 그리고 너에게 진정으로 필요한 것은 과소비 행태를 멈출 수 있는 방법이다. 네가 자신을 더 사랑하고 자긍심을 더 키울수록 더 바람직한 경제관을 갖게 될 것이다.

보다시피 올리비아가 작성한 돈과의 대화에는 남편, 어머니, 아버지, 하느님 이외 다른 존재의 논평이 포함되지 않았다. 올리비아에게는 그들의 목소리만 들렸기 때문이다.

| 구두쇠 프레드와 돈의 대화

프레드의 아버지는 늘 돈이 궁하고 식구도 많았던 집에서 자랐다. 아버지의 돈을 둘러싼 행위와 두려움을 빼닮은 프레드는 결국 구두쇠 성향이 되었다. 아내인 마리와 아이들은 늘 그의 극단적인 비축 성향을 못마땅해한다.

돈: 너는 나를 데리고 다니는 법이 없어. 나를 너무 꽉 움켜쥐는 바람에 숨이 막힐 지경이야!

프레드: 너를 쓰면 네가 아예 없어질 것 같아.

돈: 너는 늘 심각한 궁핍 상태에 놓인 듯이 살고 있어. 지금은 형편이 넉넉한데도 전혀 즐길 줄 몰라.

프레드: 미래의 안전은 어쩔 건데? 노후에 대비해 저축을 하는 게 뭐가 나빠?

돈: 하지만 지금처럼 심할 필요는 없어. 스트레스 때문에 결혼 생활에도 문제가 생겼잖아? 속으로는 죄책감이 들지? 너무 인색하게 구니까 사람

들이 너를 자린고비라고 부르잖아.

프레드: 맞아. 나도 좋아서 이러는 건 아냐. 하지만 조금이라도 느슨해지면 모든 걸 잃을 것 같은 생각이 들어.

돈: 아이고, 너 정말 큰일이네!

구두쇠가 쓴 내면의 논평

아버지: 애야, 괜찮다! 미래를 생각하면 예금은 많을수록 좋은 법이고, 유비무환은 만고불변의 진리야. 자기를 써 달라는 돈의 꼬임에 넘어가면 안 돼. 언제 위험이 닥칠지 몰라. 늘 최악의 사태를 대비해야 해.

어머니: 지금 잘살고 있잖니? 너무 걱정하지 마라. 아버지 말씀 명심하고. 우리 식구들은 호사는 못 누렸어도 굶지도 않았잖아. 네 아버지는 정말 열심히 일했고, 돈을 허투루 쓰는 법이 없었어. 우리 부부는 너희들을 대학과 대학원에 보내려고 끼니를 거를 때도 있었어. 성공한 너희들을 보니 정말 뿌듯하단다.

마리: 당신이 돈 이야기를 하는 것 정말 듣기 싫어. 돈을 그렇게 모으면서도 돈 걱정만 하니까 정말 답답해 죽겠어! 그래 좋아. 당신이 계속 갑갑하게 굴면 나는 돈을 계속 써대고 몰래 돈을 빼돌리겠어. 당신에게 멋지게 복수하는 거지.

하느님: 이제 충동과 즐거움에 양보하는 실험을 해보기 바란다. 주체할

수 없는 과소비자로 전락하는 일은 없을 것임을 믿고서 말이다. 신뢰와 여유에 익숙해지는 연습을 하면 진정한 균형을 찾을 수 있을 것이다. 우선 차근차근 시작하고, 네가 지금 정말 즐길 수 있는 일에 돈을 쓰는 능력을 서서히 키워라.

| 기피자 미르나와 돈의 대화

기피자인 미르나는 돈에 대한 불안감이 워낙 심한 나머지 모든 금전적 사안을 최대한 미룬다. 결국 그녀의 극심한 금전 기피증은 남편인 폴과 헤어지는 원인이 되었다.

돈: 항상 나를 피하는 이유가 뭐지? 내가 그렇게 싫어?

미르나: 너 때문에 무력감과 좌절감을 느끼거든. 너랑 상종하기도 싫어!

돈: 내 잘못이 아냐. 나를 피하면 피할수록 나 때문에 괴로울 거야. 나를 영원히 피할 수는 없어. 살아가려면 내가 필요할 테니까.

미르나: 나도 알고 있어. 다만 나 대신에 누군가 너를 다뤄줬으면 좋겠어.

돈: 애석하게도 그렇게 해줄 사람은 없어. 대체 뭐가 그렇게 두려운 거니? 알다시피 나는 괴물이 아냐. 그냥 지폐와 동전일 뿐이야.

미르나: 너를 다루고 돌보는 요령을 가르쳐준 사람이 없었어. 어떻게 시작해야 할지 모르겠어.

돈: 한 번에 한 걸음씩 디디면 돼. 너를 도와줄 사람들은 있겠지만 그 사람들이 너를 구원해 줄 수는 없어. 일단 내게 약간의 관심을 갖기 시작하면 내가 악당이 아니라는 사실을 알게 될 거야. 정말 너에게 무시당하기 싫어.

기피자가 쓴 내면의 논평

어머니: 어쩌면 그렇게 네 아버지를 빼닮았니? 너 대신 금전 문제를 해결해 줄 사람을 찾아보는 게 좋겠다. 너 혼자는 절대로 못할 거야.

아버지: 나는 계산에는 젬병이었어. 그래서 다른 사람들에게 기댔어. 다행히 네 엄마가 금전 문제를 도맡아 처리했지. 네 엄마는 돈 관리에 능숙했어. 그러나 자기에게 금전 문제를 맡기는 나를 무시했어.

폴: 어른답게 처신하고 스스로 책임을 져. 그렇게 하지 않으면 아무도 당신의 그 극심한 무능력을 용납해 주지 않을 거야. 나도 마찬가지야!

하느님: 돈을 두려워하고 피하고 싶은 네 자신을 용서해라. 나는 이미 너를 용서했다. 불편한 느낌을 참으면서 평소 네가 꺼리는 돈 문제를 다룰 수 있도록 차근차근 연습하면 뜻을 이루게 될 것이다. 빨리 시작할수록 네 자부심도 빨리 커지겠지. 일단 네 스스로 연습하기 시작하면 외부의 도움도 받을 수 있을 것이고, 돈이 불안과 공포의 원인이 아니라 친구처럼 느껴질 것이다.

| 혐오자 리키와 돈의 대화

리키는 혐오자의 표본이다. 그는 돈을 악이라고 가르친 종교계 학교를 다녔고, '군대과 산업이 결탁된 부패한 부자들'의 주장에 결코 동조하지 않기로 맹세하고 훗날 사회운동가가 되었다. 리키가 작성한 돈과의 대화에는 그런 확고한 사고방식이 반영돼 있다.

돈: 너는 나를 악마처럼 대접해. 왜 그렇게 색안경을 끼고 보는 거야?

리키: 너를 너무 많이 갖고 있으면 안 돼. 탐욕과 타락의 구렁텅이에 빠지지는 않는다고 해도 자칫 양심을 팔아먹거나 속물이 되거나 살이 뒤룩뒤룩 찌고 게을러질 수 있거든.

돈: 나는 너를 타락시킬 힘이 없어. 어떤 사람들은 나를 많이 갖고 있어도 나를 잘 다뤄. 그들과 나는 함께 좋은 시간을 보내고, 다른 사람들에게 나쁜 짓도 안 해.

리키: 그래? 그런 사람들 중 두 명의 이름만 대봐. 내가 존경하는 사람들은 모두 나처럼 경제적으로 힘들게 살아. 그들은 돈 한 푼도 소중히 여기고, 지나치게 안락하고 오만한 삶을 혐오해.

돈: 그렇다면 빌 게이츠와 워렌 버핏이 보여준 지금까지의 온갖 선행은 어떻게 생각해? 버핏의 검소한 삶을 봐. 부디 얼른 눈을 떴으면 좋겠어. 그렇게 하지 않으면 우리의 다툼은 날이 갈수록 심해질 거야. 이봐, 좀 성숙해졌으면 좋겠어. 너무 악착같이 도덕적일 필요는 없어.

리키: 생각해 볼게. 하지만 아직 너를 믿지는 못하겠어. 다 거짓말일지도 몰라.

| 혐오자가 쓴 내면의 논평

어머니: 얘야, 그렇게 엄격하게 살 필요는 없단다. 내가 이렇게 나이가 들고 보니 네 삶이 물질적으로나 여러모로 좀 더 편안했으면 좋겠구나.

아버지: 리키야, 이 타락한 세상에서도 그토록 검소한 삶을 살고 있다니 정말 자랑스럽구나. 앞으로도 돈의 유혹을 꿋꿋이 이겨내기 바란다.

루크 신부님: 낭비하지 말고 탐내지 마라. 돈과 세상사의 꼬임에 넘어가지 마라. 검소하게 살고, 검소함과 자기희생의 진정한 내적 가치에 입각해 살도록 해라.

하느님: 네가 굶으면서까지 남들을 먹이려고 애쓸 필요 없다. 돈을 좋은 목적에 쓰는 사람들도 있다. 돈을 멀리하는 것보다 돈을 잘 쓰는 경험을 통해 너의 가장 심오한 가치관을 실천하는 것이 더 창의적이고 깨달음을 주는 선택일 수도 있다.

| 축재자 아를린과 돈의 대화

아를린은 가난한 집에서 자란 축재자다. 그녀가 어렸을 때 부모가 이혼했고, 어머니는 아를린을 비롯한 4남매를 먹여 살리려고 몸부림 쳤다. 어릴 적 아를린은 돈벌이가 시원찮고 아이들을 제대로 부양하지 못한 남편 때문에 고생한 어머니를 지켜봤다. 그녀는 어머니처럼 가난하고 처절한 삶은 결코 살지 않겠다고 다짐했다. 그녀는 이모를 역할모델로 삼았다. 이모는 의상실을 경영하면서 착실히 돈을 벌었고, 결국 부유한 법조인과 결혼했다.

돈: 나 좀 내버려두면 안 되겠어? 나도 좀 쉬고 싶어!

아를린: 너를 아무리 많이 갖고 있어도 만족스럽지가 않아. 항상 곁에 너를 더 많이 두고 있을수록 나는 더 행복하고 안심이 되거든.

돈: 아, 그렇구나. 하지만 네가 나를 끊임없이 저축하고 투자하고 다시 투자하고 자랑하니까 정말 피곤해. 약간의 관심은 괜찮지만, 너무 심해.

아를린: 네가 있으면 괜히 우쭐해져. 남들이 나를 함부로 깔보지 못하고 떠받드는 것 같아. 내가 너를 쓰면 부자 남편을 만날 수 있을 거야. 그러면 너를 더 많이 가질 수 있겠지. 지금보다 일은 적게 하면서도 너랑 더 즐겁게 살 수 있을 거야.

돈: 너는 집착이 심해. 게다가 헛된 꿈도 꾸고 있어. 위험해!

아를린: 글쎄, 난 포기할 생각이 없어. 내 곁에 적어도 너 같은 사람 몇백

만 명이 생기면 포기를 생각해 볼 수는 있겠지만. 어쨌든 나를 위해 힘을 내줘. 괜히 힘 빼지 말고. 알았지, 친구야!

돈: 대단한 '친구' 나셨네!

| 축재자가 쓴 내면의 논평

어머니: 애야, 네 생각대로 끝까지 밀고나가렴. 나도 너처럼 돈을 많이 벌었다면 좋았을 텐데. 그랬다면 이 고생을 하지도, 업신여김을 받지도 않았을 거야.

아버지: 네 엄마와 너는 둘 다 최악의 물질주의자들이구나. 내가 너희 두 사람과 헤어진 게 정말 다행스럽다. 돈이 전부가 아니란다. 나는 네 엄마보다 행복했고, 지금도 돈이 많지는 않아.

이모: 돈이 최고란다. 돈만 많으면 사람도 별로 필요 없어. 물론 나처럼 부자 남편을 만나면 더 좋겠지!

내면의 목소리: 왜 그리 악착같이 돈에 집착하는지 한번 살펴볼 시점이다. 돈이 과거의 가난과 악몽 같은 기억, 그리고 너의 유년기에 경험한 아버지의 부재를 보상해 줄 수는 없을 것이다. 네 인생에서 돈이 적절한 역할을 할 때 비로소 너는 편안해지고 행복해질 수 있다. 돈의 비중이 너무 크면 아무리 많은 돈을 가져도 만족할 줄 모르고, 언제나 돈을 향한 갈망에 휘둘리고 그 때문에 인간관계를 망치게 될 것이다. 스스로를

좀 더 사랑하고, 돈을 너무 숭배하지 말도록 해라.

| 돈과의 대화가 미치는 영향

직접 작성한 돈과의 대화는 어떤 효과가 있을까?

첫째, 자신의 재정 생활에 대해 실상을 더 깊이 이해하는 데 도움이 될 것이다. 아울러 돈과 관련해 어떤 문제점과 갈등을 겪고 있는지, 자신의 장점과 단점은 무엇인지 더 확실히 파악하는 데도 보탬이 될 것이다.

둘째, 자신의 금전 성격 유형에 영향을 미친 과거의 모든 요인을 더 심층적으로 이해하는 데 도움이 될 것이다.

끝으로, 하느님의 목소리(또는 내면의 현명함)는 재정 생활에서 조화를 이루기 위해 자신이 선택할 수 있는 태도와 행위뿐 아니라 앞으로 나아가야 할 방향을 확인하는 데도 보탬이 될 것이다.

가끔 돈과의 대화에서 돈이 하느님의 계시나 내면의 현명함 같은 역할을 맡을 때가 있다. 그래도 괜찮다. 사실 돈과의 대화를 작성하는 과정에서 잘못된 방식이란 없다. 머릿속에 떠오르는 모든 내용은 자신과 돈의 실체를, 그리고 자신과 돈의 조화를 더 깊이 이해하는 데 일조할 것이다.

다섯 번째 '머니 하모니' 과제 지금 당장 시작하라

혹시 돈과의 대화를 작성했는가? 아직 작성하지 못했지만 돈과 당신의 대화, 부모나 다른 사람들의 논평, 그리고 하느님의 목소리 등을 기꺼이 상상해 보고 싶다면 당장 돈과의 대화를 작성하기 바란다. 준비, 시작!

당신이 작성한 돈과의 대화에서 가장 인상적인 점은 무엇인가? 어떤 점을 배웠고, 어떤 점이 생각났고 어떤 느낌이 들었는가? 재정 생활에서의 균형을 모색하는 데 도움이 될 만한 통찰을 얻었는가? 혹시 습관에서 벗어난 행동 연습하기와 관련한 아이디어가 떠올랐는가?

돈과의 대화는 여러 번 되풀이해도 된다. 이상적으로 말하자면 되풀이해야 한다. 당신과 돈의 관계가 점점 분명해지고 그것이 점점 의식적인 관계로 변모하면서 돈과의 대화는 매번 조금씩 발전할 것이다. 돈과의 대화는 매달 한 번씩 작성할지, 격주나 매주에 한 번씩 작성할지, 아니면 일주일 내내 작성할지 각자 알아서 판단하면 된다. 작성 간격을 어떻게 정하든 간에 정기적으로 돈과의 대화를 작성하면, 머니 하모니에 다가가는 과정을 직접 느낄 수 있다. 또 그 과정에서 발견되는 걸림돌을 하나씩 제거하는 데 보탬이 될 것이다. 그리고 현재 당신이 씨름하고 있는 금전 문제나 갈등을 주제로 돈과의 대화를 작성해 볼 수도 있다.

돈과의 대화는 꽤 효과적인 과제다. 모쪼록 어설프고 잘못된 당신의 오래된 태도와 행위를 확인할 수 있도록, 돈과의 대화가 가진 위력을 과소평가하지 말기 바란다. 재정 생활의 균형을 잡아줄 수 있는 돈과의 대화에서 얻은 통찰을 명심하고 그대로 실천하면 당신과 돈의 기존 관계를 당신에게 정말 필요한 부분을 채워주는 관계로 변모시킬 수 있다.

직접 돈과의 대화까지 작성한 당신이라면 이제 머니 하모니로 다가가는 여정의 절반에 온 것이다. 2부에서는 돈을 대하는 남녀의 차이로 눈길을 돌려보자.

Money Harmony

PART 2

더 이상 돈 문제로
괴롭고 싶지 않습니다

내가 어디에 돈을 쓸지 결정한다는 것은
내 인생을 어디로 끌고 갈지 결정하는 것과 같다.

6장

사냥하듯 돈 쓰는 남자
채취하듯 돈 쓰는 여자

개인의 차원이 아닌 문화의 차이로 이해하기

브로드웨이 역사상 최장수 모노 드라마는 남녀 차이를 절묘하고 유쾌하게 분석한, 희극인 롭 베커의 '구석기인을 위한 변명Defending the Caveman'이다. 이 연극에는 남녀 차이의 대부분이 남자와 여자가 각기 수렵자와 채취자 역할을 맡았던 구석기 시대에 생긴 것이라는 전제가 깔려 있다. 수렵자인 남성들은 오직 한 가지, 사냥할 짐승의 뒷모습에만 집중했고, 그 기본적인 생존 과제를 묵묵히 수행했다. 남자는 다른 남자들보다 짐승을 더 많이 사냥함으로써 공동체에서의 지위를 확보했다. 반면 채집자인 여성들은 들판으로 나가 동료들과 사이좋게 수다를 떨며 열매나 약초 따위를 채취했다.

'구석기인을 위한 변명'에는 이런 남녀의 차이가 오늘날의 커플에게도 문제를 초래한다는 전제로 여러 가지 상황이 극적으로 묘사돼 있다. 쇼핑을 예로 들어보자. 남자들은 상점으로 가서 자기에게 필요한 셔츠, 그 한 가지만을 '사냥'한다. 그리고 그것이 너덜너덜해질 때까지 입다가 다시 새로운 셔츠를 '사냥'하려고 상점을 찾는다. 한편 여자들은 쇼핑센터를 돌아다니면서 본인에게 필요한 물건뿐만 아니라 사랑하는 사람들에게 선물할 물건, 조카가 읽을 책, 남편이 맬 넥타이, 친구가 낳은 아기가 입을 옷 등을 '채취'한다.

베커는 남자들의 경쟁 성향과 여자들의 협력 성향을 입증하기 위해, 파티에서 감자튀김 그릇이 비었을 때 남자 무리와 여자 무리가 드러내는 대조적인 반응을 연기로 보여준다. 여자들은 무리를 지어 감자튀김을 새로 담으러 가면서 내내 수다를 떨고, 그 와중에 파티장에 흐르는 음악의 리듬을 결코 놓치지 않는다. 반면 남자들은 아무도 나서는 사람이 없기 때문에 감자튀김을 가지러 갈 사람을 정하기 위한 협상에 돌입한다. 하지만 아무도 양보할 생각이 없다. 따라서 여자들이 끼어들어 감자튀김 그릇을 채워줄 때까지 그들의 협상은 전혀 진척되지 않는다.

베커의 일인극에 대한 반응은 뜨겁다. 남녀 관객들은 옆구리가 아플 때까지 웃음을 터뜨리고, 서로를 쳐다보면서 자신과 동반자에 대해 새롭게 인식한다. 그 웃음의 이면에는 치유적 각성이 자리 잡고 있다. 많은 남녀 갈등이 사실은 양육 방식에 의해 정착된 서로 다른 세계관에 따라 서로 다른 역할을 수행하도록 유도한다는 자각이다. 여기서 남녀의 서로 다른 세계관은 그 이질적 역할을 반영한다. 또 최근의 신경과학적 지식에 따르면 여러 가지 남녀의 차이 중 일부는 자궁에서 이미 고정화된 것일 수 있다.

6장에서는 돈을 둘러싼 남녀의 사고방식과 행동양식의 차이를 살펴보겠다. 물론 어느 한쪽이 전적으로 옳다거나 그르다고 단정할 수는 없다. 사실 이 책을 읽는 사람들은 남녀가 전혀 별개인 두 개의 문화권에 속한 존재인 것처럼 여기면서 가치 판단을 배제하고 호기심을 견지하는 편이 가장 좋을 것이다. 예를 들면 존 그레이가 『화성에서 온 남자 금성에서 온 여자』에서 설정한 화성과 금성처럼 말이다. 아울러 롭 베커처럼 남녀 차이에 담긴 유머도 포착할 수 있다면 좋겠다.

문화가 다르다고 생각하면 괴로움이 줄어든다

하지만 주의할 것이 있다! 남성이나 여성 고유의 속성으로 보이는 태도나 행위가 많기는 하지만, 남자와 여자를 비교하는 모든 잠정적 법칙에는 예외도 상당히 많다. 모든 태도나 행위를 남녀 차이 탓으로 돌리는 우를 범하지 말기 바란다.

장담컨대 지각과 경험, 투자 방식과 의사소통 방식 측면에서 다양한 남녀 차이에 관심을 쏟으면 배우자에게 더 쉽게 공감할 수 있을 것이고, 결국 돈과의 대화인 '머니토크'를 하는 데 더욱 긍정적이고 우호적인 환경을 조성할 수 있을 것이다.

| 남자와 여자의 뇌는 다르다

남녀 차이가 얼마나 고정화되어 있는지 알려지기 시작한 지는 얼마 되지 않았다. 부자 심리학 전문가이자 작가인 캐슬린 번스 킹스버리의 저서 『여성이 알아야 할 금전적 조언: 큰손 여성 고객의 확보와 유지 요령』에는 여러 저명한 뇌 전문가들이 알아낸 성별 관련 정보가 담겨 있다.

그중에서도 킹스버리가 신경정신과 의사 루안 브리젠딘 박사의 『여자의 뇌, 여자의 발견*The Female Brain*』에서 인용한 다음과 같은 사실이 특히 흥미롭다. "남성과 여성의 뇌는 99퍼센트 동일하다. 그러나

단 1퍼센트에 불과한 남녀의 뇌 구조 차이 때문에 인체의 모든 세포에서 그 차이가 드러난다."

브리젠딘 박사의 말을 더 들어보자. "남녀 차이를 초월한 뇌는 없다. (중략) 소녀들은 이미 소녀답게 배선되어 있고, 소년들은 이미 소년답게 배선되어 있다. 남녀의 뇌는 태어날 때부터 서로 다르며, 그 뇌에 따라 자극받는 것이 달라지고 가치관, 현실이 달라진다."

뇌의 물리적 차이 때문에 여자들은 남자들에 비해 더 관계 지향적이고 남들에게 베풀거나 후세에 유산을 물려주거나 공동체의 발전을 위해 재화를 쓰는 일에 더 관심을 갖는 경향이 있다. 이런 차이는 다음과 같이 뇌의 세 부분과 관계가 있다.

편도체와 변연계(감정, 공포, 공격성의 중심)

뇌의 변연계는 남자보다 여자가 더 크다. 과학자들의 추측에 의하면 이런 크기의 차이 때문에 여자들은 자기가 사랑하는 사람들을 보살피기 위해 개인적 희생과 금전적 지출까지 감수하려는 것인지도 모른다.

뇌량(좌우 대뇌반구 사이로 신호를 전달하는 연결부)

여자들은 대뇌반구가 더 밀접하게 연결돼 있다. 덕분에 다중작업과 언어소통의 효율성이 높다. 남자들은 상대적으로 뇌량腦梁이 작기 때문에 말주변이 떨어지지만, 개별적인 과제는 더 확실히 집중할 수 있다. 남자의 단일 초점과 여자의 확산적 의식이라는 차이점 때문에 돈을 둘러싼 대화가 복잡해질 때가 많다.

해마(기억 형성과 회상의 중심)

여자는 해마도 남자보다 크다. 아마도 이 때문에 여자가 남자보다 세부사항을 더 잘 기억하고 회상할 수 있는 것 같다. 해마海馬의 크기가 더 작기 때문에 남자는 여자가 어떤 세부적인 인생사를 털어놓을 때 재빨리 귀를 기울이지 못하는 경향이 있다. 대다수 여자들은 자신이 말한 세세한 부분을 배우자가 언급해 주면 고맙게 여긴다. 그것은 그들의 관계 강화에 기여할 수 있는 관심과 배려의 지표이다. 배우자가 나를 존중하고 내 말에 귀를 기울인다는 기분을 느끼지 못하는 여자들일수록 냉담함, 외면, 심지어 이별 같은 반응을 보일 가능성이 높다.

| 사회화 측면에서의 차이

청소년들이 접하는 사회적 메시지에도 남녀의 차이가 있다. 소년들은 소녀들과 전혀 다른 메시지를 접하기 마련이다. 다음의 여섯 가지 차이점은 남녀 청소년들의 금전적 태도와 행위에 지대한 영향을 미칠 것이다.

확고한 경계 vs. 유연한 경계

아이가 정상적인 성인으로 자라기 위해서는 어머니로부터 분리되어 개인적인 영역에 대한 분별력을 길러야 한다. 소년들은 성별이 반대인 어머니와 자신을 구분함으로써 더 확고한, 때로는 더 엄격한 개인적 경계를 확립하는 것이 중요하다. 그렇게 성장한 남성은 훗날 독립적인 자아감을 고수하는 경향이 있다. 반면 소녀들이 어머니로부터 분리되는 과정에는 그리 뚜렷한 경계가 필요하지 않다. 이 때문에 여성들은 관계에서의 화합과 유대를 더 편안하게 여기는 경향이 있다.

사고형 vs. 감정형

연구자들이 MBTIMyers-Briggs Type Personality Indicator를 이용해 밝혀낸 바에 의하면 남성 10명 중 약 6명은 사고형이고, 여성 10명 중 약 6명은 감정형이다.[3]

사람들이 일반적으로 결정을 내리고 문제를 해결하는 방식을 칼 융Carl Jung의 용어로 설명한 MBTI(마이어스 · 브릭스 성격 유형 지표)는 더 객관적이고 논리적이고 분석적인 사람들을 '사고형'으로, 더 주관적이고 공감적이고 조화 지향적인 사람들을 '감정형'으로 분류한다.[4]

사람들은 주로 자신과 반대인 유형을 짝으로 선택한다. 저명한 MBTI 전문가인 빌 제프리스에 따르면, 커플 관계의 90퍼센트가 '감정형'과 '사고형'이 만난 경우이다. 올리비아가 실제로 경험한 커플

의뢰인들도 남성은 대부분 더 공정하고 분석적이었고, 여성은 타인의 기분을 배려하고 인간관계의 조화를 유지하려고 애썼다. 하지만 그렇다고 '감정형'은 논리적일 수 없다거나 '사고형'은 진한 감정을 느끼지 못하는 것은 아니다. 다만 이 두 가지 성격 유형의 사람들이 결정을 내리고 행동에 나서는 방식이 대체로 그렇다는 말이다.

경쟁 vs. 협력

일반적으로 성장 과정에서 여자들은 갈등을 피하고, 남에게 베풀고, 상냥하고, 타인에게 편의를 베풀도록 교육 받는다. 요컨대 여자들은 협동과 조화를 지향하는 분위기에서 자란다. 반면 남자들은 권력과 지위를 쟁취하기 위해 단호하고 적극적으로 경쟁하도록 교육 받는다. 남자들은 세상을 서열로 바라본다. 내가 올라가면 너는 내려간다.[5]

대부분의 남자들은 스포츠 경기나 직장 내에서 팀의 일원으로 행동하는 법을 배우지만, 여전히 세상을 경쟁과 서열의 맥락에서 바라보는 경향이 있다. 따라서 그들은 친한 사이라도 상대방을 앞지르는 것이 유일한 대안이라고 생각할 때는 경쟁심을 느낄 수 있다. 이런 '경쟁'과 '협력'이라는 차이는 남자와 여자가 돈을 주제로 어떻게 얘기를 나누는가에, 그리고 중요한 금전 문제에 대한 결정권자가 누구인가에 영향을 미칠 것이다.

인정 vs. 부정

여자들은 사회화 과정을 통해 타인과 잘 지내도록 유도되기 때문에 상대적으로 자신의 기분을 편안하게 드러낸다. 여자들이 자신의 단점을 누군가에게 털어놓는 것은 우정과 신뢰의 몸짓이다. 그러나 경쟁과 승리를 지향하도록 교육 받은 남자들은 자신의 단점이나 궁핍함을 인정하는 것을 남자답지 못한 것으로, 허약하고 부끄러운 일로 여긴다. 여자들은 금전 문제와 관련한 장점을 자랑하는 데 어려움을 느끼는 반면, 남자들은 금전적 측면에서의 단점을 잘 인정하지 않는다.

자기확신 vs. 자기회의

지난 50년간의 사회적 변화에도 불구하고 아직 많은 소녀들이 돈을 다루는 일은 남자의 몫이라는 의식적, 무의식적 믿음 속에서 성장하고 있다. 예를 들어 올리비아의 부모는 그녀가 '금전 문제'에 제대로 대처하지 못할 것이라고 확신했다. 그들은 올리비아에게 "잘하면 너를 잘 돌봐줄 부자를 만나 결혼할 수 있을 거야."라고 말했다.

대학진학능력 기초시험(SAT)의 수학 과목에서 만점을 받은 올리비아가 자기 능력을 의심할 이유는 전혀 없었다. 하지만 그녀는 어린 시절에 주입받은 사고방식으로 인해 성인이 되어서도 몇 년 동안이나 납세나 투자 같은 금전 문제를 회피했다. 이것은 올리비아에게만 해당되는 이야기가 아니다. 사실 오래 전부터 여자들이 돈과 밀접해

지도록 유도하는 사회적 움직임이 있었지만, 아직 큰 성공을 거두지 못하고 있다. 지난 몇십 년 동안 여자들이 돈이나 투자를 더 친밀하게 여기도록 유도하는 노력이 있었지만, 여자가 남자에 비해 금전 문제에 대한 자신감이 낮다는 연구 결과는 달라지지 않았다.

그래도 다행히 오늘날 상당수의 젊은 여성들은 본인이 원하는 바를 이룰 수 있다고 확신한다. 하지만 기존의 전통이 사라지는 속도는 느리고(많은 관계자들의 기대보다는 느리다), 금융 지식을 갖춘 여성의 비율은 좀처럼 변하지 않고 있다. 사실 재무교육 전문회사 파이낸셜 피네스 Financial Finesse가 수행한 2012년 연구에 의하면 금융 지식의 남녀 차이는 더 벌어지고 있는 것 같다.[6]

반면 남자들은 금전 문제를 능숙하게 다룰 줄 알 것이라고 여긴다. 남자들에게 돈이란 마치 성관계처럼 특별한 교육이나 경험이 없어도 당연히 아는 것이다. 남자들은 취약성을 감추도록 사회화되기 때문에 흔히 금전적 권위를 내세운다(정당한 권위일 수도 정당하지 않은 권위일 수도 있다). 공인재무설계사이자 재무설계협회의 전임 회장인 엘리자베스 제튼은 다음과 같이 설명한다. "중개업체에 입사했을 때 나는 투자에 대해 전혀 몰랐다. 그래서 일단 조용히 경청하고 관찰했다. 당시 나는 남자들이 자기 업무에 정통한 줄 알았다. 그러나 얼마 뒤 나는 그들 대부분이 업무를 제대로 파악하지도 못한 채 일하고 있다는 사실을 깨달았다."

금전 문제와 관련한 문제는 모두 남자이든 여자이든 자신의 실질적 지식 수준과 외부의 인식이 일치하지 않는 점에서 오는 자신감과 불안감 때문에 나타나는 것인지도 모른다. 남자들의 경우 실제로는 별다른 지식이 없으면서도 주택담보대출이나 뮤추얼 펀드에 관해 잘 알고 있는 듯 행동해야 한다고 생각한다. 반면 여자들은 모든 사항을 파악했다는 확신이 들 때까지 돈에 관한 전문지식을 드러내지 않는 경향이 있다.

커플 관계인 남자와 여자가 돈 문제를 얘기할 때 이런 식의 방어기제가 가동되면 여자는 대체로 불안감을 드러내는 반면, 남자는 실제로는 그렇지 않으면서도 유능하고 통제력이 있는 것처럼 행동한다. 두 사람 모두가 기꺼이 각자의 방어기제에서 탈피할 때 비로소 '가면'을 벗고 당면한 문제를 다룰 수 있을 것이다.

"내 덕분이야" vs. "내 탓이야"

이런 몇 가지 차이 때문에 남자와 여자는 금전적 성공과 실패에 정반대로 반응한다. 남자와 여자의 반응 차이는 특히 투자 문제에서 명백히 드러난다. 남자들은 투자가 성공하면 그것을 자신의 금전적 재능 덕분으로 돌리는 경향이 있다. 반면 투자가 실패하면 투자상담사의 탓으로 돌리는 경향이 있다. 당연한 반응이다. 성장하는 과정에서 남자들은 승자가 되도록, 단점을 감추도록 교육 받았기 때문이다.

이와 대조적으로 여자들은 투자가 성공하면 그것을 행운, 적절한 시기, 훌륭한 조언 덕분이라고 여기는 경향이 있다. 반대로 투자가 실패하면 자기 탓으로 돌린다. 이 역시 당연한 일이다. 여자들은 자기 능력을 강하게 주장하는 대신 취약성과 의존성을 드러내도록 사회화되었기 때문이다.

이렇게 서로 다른 태도는 우리 DNA에 깊이 뿌리박혀 있지만, 이것은 자각과 교육과 노력을 통해 충분히 극복할 수 있는 문제다. 남성과 여성이 각자의 독특한 개성과 가치관을 반영하면서 살아가기 위해서는 이런 유전적 프로그래밍을 극복할 수 있는 환경 조성에 각별히 신경 써야 한다. 스스로를 유전자와 양육 과정의 노예로 여기지 않을 때 비로소 우리는 자신의 욕구와 사랑하는 사람들의 욕구를 함께 만족시킬 수 있는 방향으로 의사결정을 할 수 있다.

| 남녀의 의사소통법은 다르다

조지타운 대학교 언어학 교수인 데보라 태넌은『서로 이해할 수 없는 남녀의 대화*You Just Don't Understand: Women and Men in Conversation*』를 쓰기 위해 남성과 여성이 언어를 사용하는 방식을 연구하면서 각 연령대의 남녀 차이 때문에 적잖이 당황했다고 한다. 예컨대 태넌 교수가 연구한 초등학교 2학년 여학생들은 언어 사용의 측면에서 동일한 연령의 남학생들보다 성인 여성들과 더 비슷했다.

이것은 감정을 다루는 남녀의 서로 다른 방식과 관계가 있다. 청소년기의 여학생들이 분노, 수치, 슬픔 같은 부정적 감정을 경험할 때면 그런 감정과 연관된 상당수 뇌 활동이 성찰, 추론, 언어 같은 기능과 연결된 부위인 대뇌피질로 이동한다. 반면 남학생들의 경우에는 부정적 감정이 뇌의 '공격 · 도피 반응' 부위인 편도체에 남아 있다. 이와 같은 사실 때문일까. 남자들은 부정적 감정에 대해 더 빠르고 폭발적으로 반응하는 반면, 여자들은 자기 감정을 검토하고 처리하려는 경향이 있다. 따라서 이런 감정 처리의 차이 때문에 남녀 간의 대화는 순식간에 충돌로 변질될 수 있다.

남녀 간의 의사소통은 서로 다른 기대를 품고 돈 문제를 얘기할 때 한층 복잡해질 수 있다. 이런 현상은 수렵자와 채취자, 경쟁과 협력, 사고형과 감정형 같은 여러 가지 중요한 남녀의 차이에서 비롯된다.[7] 사고형인 남자들은 여자들이 가정 경제의 핵심 사항을 상의하지 않는다고 불평하곤 한다. 반면 감정형인 여자들은 남자들이 개인적 역학관계나 감정적 문제를 다루는 일을 회피한다고 불만을 털어놓는다.

남녀 간의 오해, 갈등, 감정적 공격 등은 아래와 같은 이질적인 의사소통 방식의 결과일 수 있다.

- 대다수 여성들은 자기 말에 공감해 주고 자신의 감정을 이해해 주기를 바란다. 그러나 여자가 기분을 털어놓을 때 남자는 '쓸데없는' 말로 귀찮게 한다며 투덜댄다. 예를 들어 여자가 상의하고

싶은 것이 재정적 의사결정권을 공유하는 방식이나 각자의 재정적 목표라면 남자가 의논하고 싶은 점은 주택담보대출이다.

- 남자는 복잡한 문제나 감정적으로 거북한 문제에 대해 합리적 분석과 신속한 조언으로 대처할 때가 많다. 그리고 자기 배우자도 재빠른 해법을 원할 것으로 기대한다. 수렵자의 습성을 버리지 못한 남자는 배우자가 문제의 모든 다양한 측면을 '채취'하고 있다는 사실을 모른다. 그러므로 남자가 여자를 위해 문제를 사냥하려고 끼어들면 여자는 남자가 괜히 생색을 낸다고, 자기를 무시하거나 가르치려 든다고 느낄 수 있다.

이런 상황에서는 '여성 우대 에티켓'이 효과적인 해결책이 될 수 있다. 기분이나 역학관계에 관해 먼저 얘기를 나눈 뒤 객관적 사실로 넘어가라. 서로 기분을 표현하고 수용함으로써 감정적 부담을 줄여야 비로소 객관적 사실을 언급할 수 있고, 객관적 사실을 다루었을 때 비로소 유익한 협상이 가능하다.

"나를 바라봐" vs. "나를 바라보지 마"

중요한 일을 상의할 때 여자들은 쓰다듬기나 껴안기 같은 신체적 접촉을 중시한다. 적어도 시선 맞추기나 얼굴 마주보기 같은 시각적 접촉을 시도한다. 반면 남자들은 시선 맞추기를 불편해하고, 얼굴을 마주보면서 나누는 대화보다 서로 나란히 앉아서 하는 대화를 좋아한다.

내 탓 하지 마!

앞서 살펴본 금전적 성공과 실패에 대한 남자와 여자의 반응 차이에서 알 수 있듯이, 남자는 공로를 차지하고 책임은 회피하는 반면 여자들은 책임은 지고 공로는 사양하는 경향이 있다. 따라서 돈 문제로 논쟁할 때 일반적으로 남자는 여자에게 책임을 돌리고 여자는 자기 탓을 한다.

그러나 가끔 남녀가 서로에게 책임을 전가하려고 애쓰는 경우도 있다. 어떤 커플의 경우는 남자가 더 말과 행동이 거칠기도 하며, 또 어떤 경우에는 여자가 신랄한 비판을 가하며 남자를 공격하는 경우도 있다. 누가 '승리'하든 간에 논쟁의 역학관계는 대체로 다음과 같다.

배우자 1 : 당신 때문에 이렇게 쪼들리는 거야. 당신이 얼마나 펑펑 쓰는 줄 알기나 해?

배우자 2 : (방어적 태도로) 그래, 그래. 내가 좀 성급했고, 생각이 짧았어.

그러나 갈등은 여기서 끝나지 않는다. 이 갈등에서 수세에 몰린 사람은 자신을 탓하고 비난한 배우자를 향해 분노를 품기 시작할 것이다. 결국 그 분노는 다양한 방식의 앙갚음으로 변질될 것이다(예를 들면 꼬투리 잡기, 냉담하게 대하기, 성관계 회피하기, 노골적으로 또는 비밀리에 돈을 더 많이 쓰기).

상처, 뒤끝, 앙금 따위가 남는 적대적 역학관계를 피하기 위해서는 서로를 향한 비난(그리고 스스로에 대한 비난)을 최소화하는 자세가 필수적이다. 상대방을 비난하는 대신 상호 간의 역학관계에서 자신이 통제할 수 있는 부분에 초점을 맞춰라. 그리고 악순환을 극복하는 방법을 시도해 보라(이 방법은 앞으로 살펴볼 것이다).

어떻게 마음을 달랠 것인가

돈을 주제로 삼은 대화가 점점 뜨거워지다가 두 사람 모두 너무 화나고 마음이 상한 나머지 더 이상 대화를 이어갈 수 없을 때, 여자는 아마 그 자리에서 문제를 철저하게 따지고 싶을 것이다. 반면 남자는 대체로 마음을 달래기 위한 여유를 갖고 싶을 것이다. 존 그레이의 표현을 빌리자면 남자는 잠시 '동굴에 들어갈' 필요가 있다.[8]

이 상황을 해소할 유일한 방법은 한 사람이 잠시나마 다른 사람에게 양보하는 것이다. 여자가 남자에게 약간의 여유를 줘야 할 수도 있고, 또는 남자가 자신의 불편한 감정을 감내해야 할 수도 있다. 다음과 같이 말하면 자신과 상대방 모두 마음을 달랠 수 있을 것이다.

"마음이 편치 않을 텐데도 우리 관계를 위해 애쓰는 점 잘 알고 있어. 정말 고마워."

| 남녀는 학습 방법이 다르다

뇌세포 배선, 사회화, 의사소통 방식 등의 차이를 고려하면 남자와 여자가 서로 다른 학습 방법을 선호하는 것은 당연하다. 이와 관련한 한 가지 실마리는 2004년에 탄자니아에서 진행된 침팬지 연구에서 찾아볼 수 있다. 그 연구에 따르면 암컷 침팬지들은 스승 침팬지의 사례를 따르는 경향이 있는 반면, 수컷 침팬지들은 독자적인 방법을 선호했다. 진화론적 관점에서 인간은 스스로 생각하는 만큼 뛰어난 존재가 아닐지도 모른다. 심리학자이자 가정의家庭醫이며 『성별이 중요한 이유Why Gender Matters』의 저자인 레너드 삭스 박사는 소녀들에 비해 소년들은 더 이상 선택의 여지가 없을 때에야 비로소 스승에게 조언을 구할 생각을 한다는 점을 지적한다.

여자들은 대체로 워크숍이나 투자 클럽 같은 소집단 학습 환경에 우호적이다. 여성의 욕구에 관해 재무상담사를 교육하는 기관인 디렉션달러Direction$의 공동 설립자 겸 공인재무설계사인 엘리너 블레이니의 설명을 들어보자. "여자들은 협조자들이다. 유사 이래 여자들은 퀼트 모임이나 바느질 모임 같은 동아리를 형성해 일을 했다. 여자들은 문제를 해결하고 삶을 이해하기 위해 대화를 나눈다."

반대로 남자들은 이곳저곳 돌아다니면서 학습할 때 더 효과적이라는 일부 증거가 있다. 이것은 남자들이 골프장에서의 거래를 좋아하는 점을 설명해줄지 모른다. 따라서 남편과 함께 상의해야 할 난감한 문제가 있는 여자는 함께 산책을 하면서 그 문제를 꺼내는 편이 좋을 것이다.

삭스 박사는 다음과 같은 흥미로운 사실 하나를 더 지적한다. 대체로 여자들은 실내온도가 24℃ 정도일 때, 남자들은 20.5℃ 정도일 때 학습 효과가 더 뛰어나다. 혹시 구석기 시대에 여자들은 불 주위에서 지내며 서로에게 배운 반면, 남자들은 더 쌀쌀한 초원에서 사냥을 하며 정보를 처리했기 때문일까?

| 서로 다른 의사결정 방식

남자들은 다음 두 가지 방법 중 하나에 따라 재정적 결정을 내리는 경향이 있다. 첫째는 이용 가능한 선택을 모색하고 각 선택에 대한 찬반양론을 '합리적 사고형' 공정을 통해 분석하는 것이다. 둘째는 합리적 사고형과 정반대이고 특히 남성 투자자들이 선호하는 것인데, 친구, 증권 중개인, 텔레비전에 출연하는 권위자 등이 알려주는 정보에 따라 충동적으로 행동하는 것이다. 우리가 추측하기로 이 둘째 방법은 남자들의 타고난 경쟁심에서 기인하고, 다른 투자자들을 이기려는 욕구가 반영되어 있다.

여자들은 재정적 결정을 천천히 내리는 경향이 있다. 여자들은 더 많은 정보와 확인이 필요하기 때문이다. 같은 맥락에서 볼 때 여자들은 기존의 선택을 취소할 때도 비교적 천천히 움직인다. 특유의 '만기 보유 전략' 덕분에 지금까지 여자들은 잘못된 시점에 추가 매매수수료를 지불하면서까지 단기매매를 선호한 남자들에 비해 유리한 고지를 점할 수 있었다.

일방적 결정 vs. 공동 결정

양쪽 당사자들의 수입이 비슷한데도 함께 결정하는 것을 잘 하지 못하는 커플들이 많다. 여자는 심지어 소액 구매를 할 때도 배우자와 의논할 때가 많다. 왜냐하면 그것을 통해 연대감과 친밀감을 느끼기 때문이다. 그러나 남자들은 거액의 구매를 하는 상황에서도 배우자와 상의하지 않고 결정을 내리는 경향이 있다.

아마 아래와 같은 대화 내용은 그리 낯설지 않을 것이다.

> **남자:** 여보, 이거 좀 봐! 작년 모델이라 정말 싸게 샀어. 어때?
>
> **여자:** 말도 안하고 그 돈을 다 써버린 거야? 우리, 정말 부부 맞아?
>
> **남자:** (당황해지만 화도 좀 난다) 아이고 어머니, 허락을 못 받아서 죄송합니다.
>
> **여자:** (화도 나고 기분도 나쁘다) 누가 당신 어머니래? 우린 부부라고!

남자 특유의 관점에서는 승리와 패배 둘 중 하나밖에 없다. 남자가 어떤 결정을 내릴 때 누군가와 의논해야 했던 유일한 경험은 아마 어릴 적 토이저러스(대형 완구 전문점)에서 스타워즈 캐릭터 인형을 사달라고 어머니에게 매달릴 때였을지 모른다. 어른이 되어 아내가 모든 결정을 함께 하자고 제안하면 남자는 영역을 침범당하거나 위신이 깎인 느낌이 들 것이다.

여자가 남자의 일방적 결정 성향을 남자의 특유한 영역 경험 표현으로 여기지 않고 단지 개인적 차원으로 받아들이면, 여자는 그런 '경솔함'에 마음이 상하거나 화가 나거나 배신감을 느낄 것이다. 이것은 남자의 경쟁적 세계관과 여자의 협력 지향성이 얼마나 다른지 보여주는 사례다.

이런 태도는 너무나 뿌리 깊기 때문에 바꾸기가 어렵다. 그러나 만일 남자와 여자가 서로의 차이를 개인적 차원에서 받아들이지 않고 서로의 '문화'라고 이해하기 시작하면, 앞으로 우리가 살펴볼 '형식을 갖춘 머니토크'(9, 10장)와 목표 설정 연습(11장)을 통해 합의를 이끌어낼 수 있을 것이다.

대개의 경우 남자와 여자는 누가 돈을 더 많이 벌든 간에 재정적 결정과 권한을 공유할 필요가 있다. 진정으로 친밀한 관계를 맺고 있는 부부라면 공동 결정이 필요한 여자의 입장을 존중하면서 모든 결정을 함께 내릴 것이다. 그리고 두 사람 중 적어도 한 사람이 더 많은 결정권을 원할 경우 상대방과 의논 없이 각자의 돈을 쓰거나 일정 금액을 독자적으로 지출하기로 합의할 수도 있다. 어느 경우이든 간에 공동 결정은 대다수 남자들에게 익숙하지 않은 것이기 때문에 여자는 남자에게 공동 결정 요령을 가르쳐줄 필요가 있다. 남자와 여자가 함께 결정하면 결정권을 둘러싼 여자의 불만은 줄어들 것이고, 덕분에 두 사람은 더욱 친밀해질 것이다.

| 재무적인 권한의 행사

"아빠가 집에 올 때까지 박수 쳐. 박수쳐. 아빠는 돈이 있고 엄마는 없어!"라는 가사의 옛날 줄넘기 노래가 있다. 피임약 혁명으로 수백만 명의 여성들이 일터로 나가고 2007년에 시작된 장기간의 경기침체로 훨씬 더 많은 주부들이 직장으로 달려간 덕분에 한 가정에서 아버지뿐 아니라 어머니도 돈을 버는 경우가 아주 많아졌다(아버지보다 어머니가 훨씬 더 많이 벌 수도 있다). 미국 노동통계국U.S. Bureau of Labor Statistics의 최신 자료에 의하면 2009년 현재 주부의 약 38퍼센트가 남편보다 더 많이 벌었다. 슈왑 어드바이저 서비시즈Schwab Advisor Services의 버니 클라크 사장이 2012년의 인터뷰에서 밝힌 바에 의하면, 경영학 관련 학위를 소지한 주부의 절반 이상이 남편보다 수입이 많았다.[9] 현재 일을 하는 주부들은 평균적으로 가정 연간 소득의 47퍼센트를 담당하고 있다.[10]

오래 전부터 가정에서는 전통적으로 남자가 투자와 주요 지출 결정을 책임지고, 여자는 집에 머물면서 일상적인 쇼핑과 공과금 납부를 맡았다. 하지만 여성의 사회적, 경제적 지위가 향상됨에 따라 재정적 역할의 경계가 점점 허물어지고 있다. 사실 그것은 당연한 일이기도 하다.

그럼에도 불구하고 많은 여성들은 경제적 통제권을 흔쾌히 남편에게 맡긴다. 또는 남자가 이미 그 권한을 잡고 있기 때문에 여자는 종속적 역할을 수용할 수밖에 없다(어쨌든 한동안은 그렇게 해야 한다. 그러나 많은 여성들은 그로 인한 무력감과 분노를 느낀다). 게다가 남자가 여자보다 더 많이 벌 경우 남성의 주도권이 더 확고해지는 경향이 있다.

배우자보다 수입이 더 많은 여자일수록 경제적 주도권을 행사한다고 추측할 수도 있지만, 연구에 의하면 그렇지 않다. 일반적으로 말해 남자들은 여자들보다 돈에 대한 1차적 통제권을 보유한 상태일 때 더 편안해한다.[11] 남성 동성애자 커플의 경우 수입이 더 많은 사람이 경제적 주도권을 행사하는 경향이 있다. 그러나 여성 동성애자 커플의 경우에는 수입의 많고 적음과 무관하게 함께 결정을 내릴 가능성이 높다.

혹시 당신과 상대방의 관계에서 재무적 권한의 불균형 현상이 엿보이는지 확인하기 바란다. 둘 중 한 사람이 그런 불균형 현상을 불편해한다면 더 공평하게 권한을 분담할 수 있는 방향으로 나아가기 바란다(7장에서는 이 난감한 문제를 서로 존중하면서 다툼 없이 처리하는 방법을 설명하겠다).

권한 분담은 친밀함을 낳는다

돈을 보유하는 방법도 다르다

커플은 돈을 공동예금 계좌에 넣어둬야 할까, 아니면 따로따로 예금해야 할까? 사실 이것은 각자의 커플이 합의할 문제이기 때문에 정답이 없는 질문이다. 그러나 놀랍게도 대체로 확고한 경계를 선호하는 남자들과 그렇지 않은 여자들이 이 문제에서는 정반대의 태도를 취한다.

올리비아의 임상 경험에 의하면 '계좌 통합'을 원하는 사람은 남자일 경우가 많고 '계좌 분리'를 원하는 사람은 보통 여자들이다. 그리고 양쪽 당사자 모두 상대방의 성향을 이해하지 못할 때가 많다. 돈을 합치고 싶어 하는 남자들은 "왜 따로 관리하려고 해? 날 못 믿겠어?"라거나 "벌써 헤어질 생각을 하는 거야?"라고 물을 것이다. 반면 독자적인 계좌를 원하는 여자들은 "왜 돈을 합치려고 하지? 주도권을 흔들고 싶은가 보네?"라며 쏘아붙일 것이다.

이처럼 서로 다른 두 가지 반응 모두에는 일말의 진실이 담겨있다. 1차적인 부양자로서 남자는 예로부터 배우자를 통제해 왔다. 그리고 상대적으로 수입이 적거나 아예 없는 여자는 이혼을 하면 경제적으로 곤경에 처할 수 있는 가능성을 우려하기 마련이다.[12] 여자들은 설령 현재의 결혼 생활에 만족하고 있어도 앞으로 남자에게 버림받을지 모른다는 두려움에 시달리거나 과거에 버림받았던 아픔을 안고 있다. 그래서 자신의 돈을 따로 관리하려는 경향이 강하다. 그러나 이처럼 나름대로 타당해 보이는 이유들 이외에도, 돈을 보유하는 방법을 둘러싼 남녀 차이에는 더 심층적인 갈망이 작용한다고 봐야 할 것 같다.

흔히 남자들은 커플이 된 지 얼마 안 됐을 때 서로에 대한 책임 문제가 거론되면 슬쩍 발을 빼는 경향이 있다. 남자들의 입장에서 친밀해지기 위한 주요 과제는 상대방과 연결되고 그 상태를 유지하는 방법을 배우는 것이다. 따라서 자기 돈과 배우자의 돈을 합치려는 생각은 더 완전한 연결을 바라는 마음의 사랑스러운 표현일 수도 있다.

여자들은 비교적 어렵지 않게 상대방과 연결될 수 있다. 오히려 여자는 '과잉 통합'(친밀한 관계에 심취한 상태)에 빠지기 쉽다. 따라서 여자의 기본적 도전과제는 자율성을 견지하는 방법을 배우는 것이다. 일정 금액을 따로 관리하려는 여자의 욕구는 건전한 독자성이 필요하다는 것을 반영한다. 그런 욕구 덕분에 여자는 더 깊고 안전한 상태에서 남자와 연결될 수 있는 것이다.

물론 일부 커플들은 이 패턴에 부합하지 않는다. 양쪽 당사자 모두가 돈을 따로 관리하기를 원하거나 아니면 함께 관리하기를 원할 수도 있다. 그러나 기꺼이 돈을 함께 관리한다고 말하는 커플일지라도, 만일 나중에 한 사람이 부모로부터 유산을 상속받으면 본인 명의로 관리하고 싶을 수도 있다. 그러면 상대방은 마음의 상처를 입을 것이고, 아마 이렇게 생각할 것이다. '지금까지 한 푼도 나눠 썼는데 이제 돈이 좀 생기니까 자기 혼자 쓰겠다고?' 이 문제를 둘러싼 긴장이 조성될 때 남자의 심층적 욕구(통합)와 여자의 심층적 욕구(자율성)를 이해하면 갈등을 해결하는 데 확실히 도움이 될 것이다.

여기서 올리비아는 이렇게 조언한다. 결혼 예정인 커플은 월별 가계비 예상액 목록을 작성하는 것이 좋다. 생활비를 충당하기 위해서는 각자의 수입에 비례한 액수를 공동예금 계좌에 넣어둬야 한다. 이를테면 남자가 여자보다 수입이 2배 많으면 생활비도 2배 더 부담하면 된다. 그렇게 생활비로 내놓고 남은 돈은 각자의 계좌에 두고 관리하면 된다.

| 어떻게 투자하고 얼마나 위험을 감수하는가

샌디에이고의 브랜드먼 대학교 심리학 교수인 폴 그린버그 박사에 따르면 투자 방식에서도 성별은 영향을 준다. "거래 횟수와 위험 회피 횟수에서 남녀 차이를 확인할 수 있다. 남자들은 여자들보다 희열 중심의 행동이 동기가 될 가능성이 높다."

남자들은 투자라는 자신의 활동에는 '주가지수를 능가하는 수익'이라는 잠재적 보상이 따를 것으로 간주하는 경향이 있다(아마 희극인 롭 베커는 이것을 "시장을 끝장낸다."라고 표현할 것이다). 남자들이 보기에 투자에서의 성공은 흔히 어떤 기준점을 넘거나 지인이나 친구를 능가하는 것이다. 캐슬린 킹스버리의 표현을 빌리자면 남자들은 승리를 거둘 때

"뇌가 행복해진다."

여자들에게 투자에서의 성공이란 승패에 관한 문제가 아니라 자기 삶의 목표와 목적을 달성하는 것(달리 말하자면 생존과 윤택함)에 관한 문제다. 일반적으로 여자들은 자기 가족의 일상적 행복을 유지하는 것에 관심이 많다. 여자들의 입장에서 투자는 '승리'나 '능가하기'가 아니라 하고 싶은 일을 할 수 있을 만큼 충분한 돈을 갖는 것에 관한 문제다.[13]

이런 차이는 투자 과정에 대한 남성과 여성의 안도감 수준에 지대한 영향을 미친다. 엘리너 블레이니의 말을 들어보자. "투자와 관련한 모든 언어는 여성에게 적대적이다. 점수를 나열하는 CNBC(미국의 경제·금융 전문 방송)의 프로그램 형식이 ESPN(미국의 스포츠 전용 케이블 채널)과 흡사한 것은 우연이 아니다. '좋아. 이번 분기에 3퍼센트를 벌었어. 시장 수준을 초과했을까? 못했을까? 다른 사람들보다 나은 수준일까? 아닐까?' 남자는 이렇게 말할 것이다."

공인재무설계사이자 디렉션달러의 공동설립자인 제튼은 블레이너의 말에 동의한다. "우리는 스스로 성공을 어떻게 정의하는지 검토할 필요가 있다. 엘리너 블레이너의 말처럼 남자들은 투자 실적을 주제로 얘기를 나눌 때 자기 수익이 S&P 500지수 같은 다른 기준점과 비교했을 때 어떤지 알고 싶어 한다. 반면 여자들이 궁금해하는 점은 다르다. '이 결과에는 어떤 의미가 있을까? 이번 달에 주방을 고칠 수 있을까? 언제쯤 은퇴해도 될까?' 여자는 그렇게 생각할 것이다."

투자자들의 위험 감수 태도야말로 남녀간에 가장 분명한 차이를 보여준다. 남자들은 일반적으로 여자들에 비해 더 큰 위험을 더 기꺼이 감수한다. 왜 그럴까? 오래 전부터 여자들이 남자들보다 수입이 적었던 역사적 사실을 떠올려보자. '백 레이디bag lady'(쇼핑백에 전 재산을 넣고 대도시의 거리나 공원을 떠도는 미국의 중년층 여성을 가리킨다) 특유의 불안감이 결합되면, 여자들은 요동치는 주식 시장에 돈 맡기기를 꺼리게 된다. 반면 남자들은 상대적으로 강한 자신감과 경쟁심으로 인해 돈을 과감히 운에 맡기는 일에 망설이지 않는다.

위험 선호 성향 대 위험 회피 성향은 뇌세포 배선의 차이와 어느 정도 관계가 있다. 소년들은 다른 소년들이 지켜보고 있을 때 더 위험한 행동을 하는 경향이 있다. 소녀들은 다른 소녀들의 위험한 행동에 영향을 받거나 스스로 위험한 행동에 나설 가능성이 비교적 낮다. 왜일까? 자율신경계의 차이 때문이다. 전쟁놀이, 중고차 충돌 경기, 극한 스포츠 같은 위험한 활동에는 대체로 소년들이 무척 즐거워할 만한 요소가 담겨 있다. 심리학자인 삭스 박사는 청소년 실험에서 참가자들에게 현실과 흡사한 충돌을 감수해야 하는 비디오 게임을 하도록 했다. 실험에 참가한 대부분의 소년들은 위험을 통해 즐거움을 느꼈지만, 대다수 소녀들은 무서움을 경험했다. 소녀들은 물리적 위험이 따르는 활동에서 자신이 성공을 거둘 가능성을 과소평가하는 반면, 소년들은 과대평가하는 경향이 있다.

사실 안전 지향적 자세는 여자와 남자의 고질적인 수입 격차가 한

가지 이유일 수 있다. 카네기 멜론 대학교의 신규 졸업자들을 연구한 경제학자 린다 배브콕은 취직 면접시험에서 여자들은 더 많은 봉급을 요구하지 않지만 남자들은 그렇게 한다는 사실을 발견했다. 결과적으로 위험을 감수한 남자들은 더 높은 초봉을 받았다.

이런 성별 차이에 관해 알아둬야 할 가장 의미심장한 점은 위험 감수자들(주로 남자들이다)에게 위험 감수 행위는 매우 즐겁고 신나고 자유로운 경험이라는 사실이다. 위험 감수자가 위험을 피할 때는 답답함을 느끼거나 일종의 폐쇄 공포증도 느낄 수 있다. 위험 기피자들(주로 여자들이다)의 경우 보수적 투자 같은 비교적 안전한 금전적 선택에서 안도감과 자유를 느낀다. 위험 기피자들에게 금전적 위험 감수 행위는 불안함을 느끼는 원인이 된다.

당신과 배우자가 위험 감수 측면에서 정반대의 위치에 있다고 해도 실망할 필요는 없다. 서로 상대방의 위험 감수 태도를 시도해보기까지는 상당한 수준의 개방적 태도와 의지가 필요하겠지만, 서로의 시각을 이해하고 거기에 가까이 다가가는 방법을 배우면 평소의 습관에서 벗어난 행위에 대한 값진 보상을 얻게 될 것이다.

| 자선 기부 방식도 남녀는 다르다

자선 기부는 남녀가 흔히 충돌하는 또 다른 영역이다. 대개의 경우 남자들은 경쟁 본능에 입각해 행동하고, 여자들은 특유의 협조적 본성을 따른다. 몇 년 전 《릴리스*Lilith*》에 유대인 남자들과 여자들의 서로 다른 자선 기부 방식에 관한 기사가 실렸다. 남자들은 기부하는 동료들을 따라서 기부하는 경우가 많고, 기부의 규모를 통해 자신의 영향력과 힘을 입증하려고 한다.[14] 유대인 남자들은 기부금의 용도에 관한 질문을 별로 던지지도 않은 채 갑자기 거액의 수표를 끊어줄 수 있다. 물론 그들은 일반적으로 자기 마음에 드는 대의명분에 기부를 하지만, 자기 이름이 최고액 기부자로서 기부자 명단의 맨 위에 등장하기를 바란다. 기부 역시 경쟁인 셈이다.

여자들은 기부를 할 때 남자들보다 더 개인적 차원에서 접근할 뿐 아니라 자기가 후원하는 대의명분과 단체에 관한 정보를 더 많이 수집하는 경향이 있다. 여자들은 자기 돈이 제대로 쓰일지 알고 싶어 한다. 도미니 펀즈*Domini Funds*의 주주 담당 책임자인 애덤 칸저의 말에 의하면 남성 투자자들보다 여성 투자자들이 도미니 펀즈의 사회 책임 뮤추얼 펀드에 더 많이 가입해 있다고 한다. 이렇듯 여자들은 기부뿐 아니라 투자에서도 정서적 연대감을 고려한다고 볼 수 있다. 일반적으로 여자들은 친구들이 얼마나 많은 금액을 기부하는지에 대한 관심이 적다. 친구들과 동일한 금액을 기부함으로써 그들과의 연대감을 강화할 수 있는 경우를 제외하면 더욱 그렇다. 부유한 여성이 본인 명의로 거액을 기부하는 경우도 있지만, 그것은 동료들을 이기기 위한 목적이 아니라 단지 사람들에게 인정받고 싶은 마음 때문일 가능성이 높다.

자선 기부에는 흥미로우면서도 당연한 성별 차이가 또 하나 있다. 재무설계사 블레이니가 우리에게 밝힌 바에 따르면 여자들은 일단 충분한 돈이 있다는 확신이 들어야 비로소 기부에 나선다. "여자들은 생전의 기증보다 유언에 의한 기증을 훨씬 더 선호한다. 그들은 본인에게 충분한 돈이 있다는 확신이 들어야 기증에 나선다. 재산이 많은 여자들도 마찬가지다. 여자들은 자신이 어떤 재산을 갖고 있는지, 재산이 얼마나 오래 남아 있을지, 자신에게 무엇이 필요한지 등을 알아야 자선을 베풀 수 있다."

만일 당신이 배우자와 함께 언제 그리고 어떻게 자선활동에 참여할지 결정하려 한다면 섣부른 판단은 뒤로 하고 서로의 자선 방식을 수용하는 자세가 필요하다. 공감과 개방적 태도를 연습하면 배우자와의 차이를 차츰 좁힐 수 있고 중립지대에서 만날 수 있을 것이다.

| 전통적 역할 부담에 따른 스트레스

그는 부와 명성을 쌓은 의사였다. 그의 아내는 집에서 손님 접대하기를 좋아했고, 아이들은 길이 20미터의 수영장에서 파티를 열거나 가정용 극장시설에서 영화를 봤다. 누구나 그를 행복하고 인생에 만족하는 사람으로 여길 것 같았다. 그러나 어느 날 저녁 그는 가족 친목회에 참석하려고 셰리와 함께 차를 타고 가던 중 다음과 같은 놀라운 사실을 털어놨다. "아내와 아이들이 여가 생활을 즐길 수 있도록 하루 15시간 일하느라 얼마나 피곤한지 모를 겁니다." 그의 목소리에는 괴로움과 슬픔이 담겨 있었다. 상당한 규모의 부와 직업적 성공을 거뒀음에도 불구하고 그는 심각한 스트레스와 부담감에 시달리고 있었다.

올리비아도 심리치료를 진행하면서 남성 의뢰인들로부터 비슷한 푸념을 들었다. 사실 지난 수십 년 동안의 사회적 변화에도 불구하고 다수의 남성들이 여전히 가족의 경제적 행복에 대한 책임감을 느끼고 있다. 설령 배우자보다 수입이 적어도 남자는 부양자로서의 부담을 느낄 것이다. 경기침체로 인해 직장을 잃고 아내의 수입에 의존해야 하는 남자들이 수치심과 우울감으로 괴로워하는 사례는 무척 많다.

한편 일하는 여성들은 이른바 '또 다른 근무시간'이라는 부담을 지고 있다. 일터에서 집으로 돌아가는 것이 일이 끝나고 쉬러 가기 위한 충전의 시간이 아니라 또 다른 '일'을 하러 가는 시간이 된다. 그들은 집밖에서의 일자리를 유지하면서도 대체로 육아와 가사, 그리고 가족관계의 관리 책임을 지고 있다. 많은 여성들이 날마다 그 모든 역할을 동시에 수행하느라 진이 빠질 지경이다. 미국심리학회의 최근 조사에 의하면 일하는 여성들은 남성 동료들에 비해 정당한 평가와 충분한 봉급을 받지 못한다고 느낀다. 그리고 여성들이 남성들보다 업무 스트레스 수준이 더 높다.[15] 여자들이 돈 관리 요령을 배우기를 꺼린다면, 그 이유는 단지 추가로 다른 일을 더 맡을 만한 에너지가 부족하기 때문일지 모른다.

물론 과거에는 사정이 달랐다. 경구피임약이 등장하기 전에는 여자가 선택하기에 좋은 직업이 교사와 간호사뿐이었다. 여자들은 일단 결혼하고 아이가 생기면 일을 하지 않는 것이 관례였다. 피임약이 등장한 초창기에는 주부들의 선택권이 넓어졌다. 즉 더 이상 억지로 아이들을 돌볼 필요가 없어졌고, 남편들이 계속 생활비를 벌어오는 동안 집에 있으면서 시를 쓰거나 정원을 가꾸거나 자원봉사에 참여할 수 있게 되었다. 어떤 여성들은 시간제 아르바이트를 통해 용돈을 벌 수 있었다. 그리고 정해진 시간에만 근무하는 상근직일 경우에는 보수가 적더라도 즐거움을 줄 수 있는 업무를 선택할 수 있었다. 양육 과정에서 아무런 불평 없이 부양자의 책임을 지도록 교육 받은 다수의 남자들은 당연히 여자들의 그런 자유를 부러워했다. 그리고 일부 남자들은 분개했다.

요즘 사람들이 부모나 조부모 세대가 한 명의 봉급으로 살았을 때만큼의 편안한 생활을 하려면, 대체로 두 명의 봉급이 필요하다. 이것은 여자들의 선택 범위가 다시 좁아졌다는 의미다. 이제 부자가 아닌 이상 여자들도 일을 해야 하는 상황이 됐다. 다만 요즘 들어 점점 교육 수준이 높아지고 자신감이 커진 덕분에 직업 선택의 범위가 넓은 여성들도 많다. 그리고 자녀가 생겼을 때 남편과 아내 모두 각자

원하는 역할을 터놓고 의논하는 분위기가 조성되어 있다. 아내가 보수가 높고 만족스러운 직업에 종사할 수 있도록 남편이 집에서 아이 돌보는 일을 선택하는 경우도 많다.

물론 아직 양성 평등은 요원하고, 대다수 남자들과 여자들은 여전히 성별에 따른 전통적 부담을 지고 있다. 모쪼록 배우자와 이런 문제를 얘기할 때는 누가 더 열심히 일하고 누가 더 힘든지 따지지 말고 상대방이 짊어진 부담에 공감해 주기 바란다. 남자들은 부양자로서의 무거운 책임감을 느끼는 점을 인정받고 칭찬을 받아 마땅하다. 여자들도 일, 가정, 자녀, 연로한 부모 등과 관련된 '또 다른 근무시간'이라는 부담을 지고 있음을 공감하고 감사해줄 사람이 필요하다. 서로 상대방이 짊어진 짐을 인정해 주면 두 사람의 삶을 더 조화롭게 가꾸는 데 도움이 될 것이다.

| 돈과 일에 대한 서로 다른 두려움

부유한 여자들도 가진 돈을 모조리 잃고 길거리로 나앉게 될까 봐 걱정하는 경향이 있다. 갑자기 재산을 물려받은 여자들은 그것이 마법처럼 생겼듯이 마법처럼 사라질까 봐 걱정하는 경우가 많다. 이 뿌리 깊은 두려움은 여자가 혼자의 힘으로 오랫동안 생존할 수 없었던 구석기 시대로 거슬러 올라간다. 오늘날의 여자들은 지금 가진 돈이 실직, 주식시장 붕괴, 이혼, 배우자의 사망 등으로 인해 없어질까 봐 걱정한다. 자기 능력으로는 잃은 돈을 복구할 수 없다고 생각한다.

남자들은 어떻게든 자기 앞가림을 할 수 있다는 자신감이 강하다 (또는 속으로는 자신 없으면서도 겉으로는 자신 있는 척한다). 남자들 머릿속 깊은 곳에 자리 잡은 공포는 특유의 부양자 책임감에서 기인한다. 남자들은 몸을 다쳐 일을 못하거나 일찍 죽어 가족이 가난에 시달리거나 최근처럼 실업률이 높은 시절에 직장을 잃고 마땅한 직업을 구하지 못할 경우를 걱정한다.

앞서 여자와 남자의 서로 다른 부담을 살펴보면서 지적했듯이 배우자의 뿌리 깊은 두려움을 이해하고 거기에 공감을 표시하는 자세가 중요하다. 서로를 격려하고 마음의 안정을 유도하면 잠재적 위험을 덜 걱정하게 될 것이다.

이쯤에서 성性소수자 커플을 위한 조언을 하나 하겠다. 동성 커플에게는 앞서 언급한 차이 중 적용되는 것도 있고 그렇지 않은 것도 있다. 명심하라. 실제로는 적용되지 않는 차이를 무작정 수용하는 태도는 위험할 수 있다. 맞지 않는 구두는 신지 마라!

| 차이에 대한 존중과 공감

초보 심리치료사로 활동하던 시절, 올리비아는 워렌 패럴과 함께

'남녀를 위한 의식 고양'이라는 이름으로 워크숍을 개최했다. 참가자들은 워크숍의 일환으로 '역할 전환' 데이트를 해야 했다. 이성의 행동에 관한 고정관념을 구체적으로 표현해 보는 것이 목적이었는데, 예를 들면 여자들은 데이트 상대의 멋진 외모를 언급해 주고, 문을 열어주고, 밥값을 내야 했다. 남자들은 고분고분하게 행동하고, 배우자를 칭찬하고, 의도적으로 성적 매력을 풍겨야 했다. 요즘 누가 그렇게 행동하느냐고? 아무쪼록 그랬으면 좋겠다. 사실 평등주의적 진보의 흐름을 따라가지 못하는 고질적 태도들도 있다.

본인이 선택하지 않아도 사람들은 여자의 역할, 남자의 역할이라는 제약 안에서 행동한다. 역할 전환 데이트는 여러 참가자들이 이 부분에 더 깊이 공감하는 계기가 되었다. 역할 전환 데이트의 핵심 개념인 '습관에서 벗어난 행동 연습하기'는 사람들이 성장하고 변화할 수 있는 방법에 관한 올리비아의 핵심 철학이다.

| 여섯 번째 '머니 하모니' 과제 역지사지를 통해 배우기

지금까지 6장에서 배운 내용을 바탕으로 당신이 알고 있는 이성의 태도나 행동에서 드러나는 성별 차이를 확인해 보기 바란다. 아마 배우자가 문제를 해결하는 접근법이 당신과 다를 것이다. 이성인 직장 동료가 연봉 인상을 요구했다가 거절당했을 때의 반응이 당신과 다를 수도 있다. 또는 병에 걸린 친척의 소식을 들은 오빠나 남동생은 그 자리에서 도움이 될 만한 조언을 하는 반면, 누나나 여동생은 상대의 말에 귀 기울이면서 동정을 표시할 수도 있을 것이다. 이성의 태도나 행위가 당신과 어떻게 다른지 살펴보고, 자신과 다른 그런 태도나 행위를 며칠이나 실천할 수 있는지 확인해 보라. 자신에게 익숙지 않은 이성의 태도나 행위를 실천할 때의 느낌을 기록하고, 과감히 그 새로운 경험을 시도한 자신에게 보상하라.

습관과 다른 태도나 행위를 실천하기가 너무 불편하면 문제의 이성(배우자, 직장 동료, 오빠나 남동생, 누나나 여동생)과 함께 앉아 당신이 새로 인식한 성별 차이에 관해 대화를 나누고, 새로운 인식 덕분에 그 사람의 세계관이나 내면의 모습을 더 깊이 이해하게 된 과정을 설명하라.

방어적 자세와 비판 대신에 호기심과 동정심을 발휘하면서 돈을 둘러싼 남녀 차이를 이해하고 인정할 때 당신과 배우자는 상호 존중과 상호 이익의 분위기를 조성할 수 있다. 이 너그러운 환경에서는 배우자와 함께 재정적 결정을 함께 내리는 방법을, 그리고 갈등, 긴장, 오해를 최소화하는 방식으로 재정 문제를 논의하는 방법을 쉽게 파악할 수 있을 것이다.

7장

달라서 끌렸던 부부,
달라서 싸운다

패권 싸움을 끝내고 중립지대로 들어가기

주변의 사례, 그리고 당신과 배우자의 경우를 생각해 보라. 모름지기 우리는 자신과 정반대 유형인 사람에게 끌리는 듯하다. 내성적인 사람은 외향적인 사람을 선택하고, 자유분방하고 거리낌 없는 사람은 책임감이 무척 강한 사람을 고르고, 말수가 많은 사람은 말수가 적은 사람을 선호하며, 혼자 있기를 좋아하는 사람은 파티를 즐기는 사람에게 끌린다. 구두쇠는 흥청망청 쓰는 사람과 결혼하고, 염려자는 기피자와, 설계자는 몽상가와 부부가 된다. 대부분의 경우 이런 양극화는 필연적인 현상으로 보인다.

두 사람이 처음부터 정반대 유형이 아니었다고 해도 대개의 경우 두 사람은 결국 정반대 유형으로 변모한다. 올리비아가 워낙 오래 전부터 이 문제에 관한 워크숍을 진행해 왔기 때문에 이것을 '멜란의 법칙'이라고 부르는 참가자도 있다. 예를 들어 두 명의 낭비자가 결혼하면 그들은 1등 낭비자 역할을 두고 다툴 것이고, 경쟁에서 패배한 사람은 상대적인 구두쇠로 바뀔 것이다.

그러나 시간이 흐르면서 양극화가 점점 심해져 더 많은 갈등을 유발할 수 있다. 두 사람은 자신과 다른 상대방의 습관을 빌미로 서로를 공격하기 시작한다. 한때 구두쇠 아내의 예산 편성과 계획 수립 능력을 높이 평가했던 낭비자 남편은 이제 아내가 자잘한 것에 집착하고 인색하다며 문제 삼는다. 남편의 대범한 씀씀이를 자연스럽고 넉넉한 것으로 여겼던 구두쇠 아내는 이제 그것을 무책임하고 미숙하고 이기적인 것으로 바라본다.

7장에서는 금전 성격 유형 간의 가장 흔한 양극화 구도를 살펴보고, 그런 극심한 차이에서 조화를 꾀하는 방법을 알아볼 것이다. 여러 해 동안 금전 심리치료 작업을 진행하면서 올리비아는 다음과 같은 주요 양극화 구도를 발견했다.

구두쇠 vs. 낭비자

설계자 vs. 몽상가

염려자 vs. 기피자

혐오자 vs. 축재자

통합자 vs. 분리자

위험 감수자 vs. 위험 기피자

커플의 재정 생활에 영향을 미치는, 또 하나의 흔한 양극화 패턴은 '우선순위'를 둘러싼 대립이다. 정도가 심하지 않을 때도 있지만, 권한을 둘러싼 양극화 패턴을 보이는 사람들도 많다.

이제 양극화 경향을 하나씩 검토할 것이다. 차례로 등장하는 여러 양극화 현상을 살펴보면서 실제로 당신과 배우자의 관계에서 드러나는 패턴을 확인해 보기 바란다. 당신은 배우자에게 하나의 패턴을, 자녀들에게 또 하나의 패턴을, 부모나 직장 상사에게 또 다른 패턴을 드러내고 있을지 모른다. 일단 당신과 배우자 사이의 주요 양극화 구도를 확인한 뒤, 조화로운 관계를 만드는 데 필요한 수단을 살펴보기 바란다.

| 구두쇠 vs. 낭비자

알다시피 구두쇠 성향의 사람들은 저축을 좋아하고 자신을 비롯한 모든 사람에게 돈을 잘 쓰지 않는다. 그들은 예산에 관해 우선순위를 설정하고 당장의 만족을 유보하는 데 능하다. 반면 낭비자들은 자신과 타인의 즐거움을 채우려고 기꺼이 돈을 쓴다. 그들은 흔쾌히 인심을 쓰는 경향이 있다. 낭비자의 즉흥성이 극단적으로 흐르면 통제할 수 없을 정도의 지출로 이어질 우려가 있다.

해묵은 고정관념에 의하면 구두쇠인 남자들이 낭비자인 여자들과 결혼을 한다(이 고정관념을 이용해 대성공을 거둔 분야가 바로 만화이다). 그러나 이 고정관념이 한때 일말의 진실을 담고 있었다고 해도 이제는 다르다. 우리의 임상 경험에 의하면 구두쇠 유형과 낭비자 유형은 성별과 무관하다.

앞서 언급했듯이 설령 두 사람의 성향이 처음부터 정반대가 아니었더라도 시간이 흐르면서 양극화가 될 것이다. 그러므로 둘 다 구두쇠인 커플도 세월이 지나면서 서로 1등 구두쇠의 역할을 두고 경쟁할 것이고, 경쟁에서 진 사람은 상대적인 낭비자로 살아가는 방법을 터득하게 될 것이다. 둘 다 구두쇠이거나 둘 다 낭비자이면서 양극화

구두쇠와 낭비자는 서로 정반대 방식으로 돈을 쓴다

로 인한 긴장관계를 형성하지 않은 채 행복하게 생활하는 커플은 극히 드물다. 전혀 없다고는 할 수 없지만 무척 드물다.

구두쇠 댄과 낭비자 산드라의 결혼

고등학교 시절부터 연인 사이였던 댄과 산드라는 15년의 결혼 생활을 함께 했다. 어릴 때부터 댄은, 대공황으로 그 많던 재산을 모두 날린 할아버지에 관한 이야기를 수없이 들으며 자랐다. 고액의 연봉을 받는 기업 임원인 댄은 할아버지의 전철을 밟지 않으려고 악착같이 돈을 모으고 철저하게 관리했다. 산드라는 서민층 가정에서 자랐고 직업은 교사였다. 결혼 후 두 자녀를 키우기 위해 교직을 그만뒀다.

댄이 보기에 돈이란 안전을 의미했다. 산드라가 볼 때 돈은 사랑이었다. 따라서 돈을 저축할 때마다 댄은 행복했지만, 산드라는 박탈감을 느꼈다. 돈을 쓸 때마다 산드라는 행복했지만, 댄은 불안과 두려움을 느꼈다.

두 사람이 심리치료실 문을 두드렸을 때 댄은 아내의 쇼핑중독 성향을 방치하면 집안이 거덜날 것으로 생각했다. 반면 산드라는 눈물을 흘리며 이렇게 불만을 토로했다. "댄은 지독한 수전노예요! 아이들이 학교에서 입을 옷도 사주지 않아요." 불만은 분노로 이어졌다. "댄은 돈에만 관심이 있어요. 결혼 15주년 때 내게 사준 것은 싸구려 시디(CD)였어요. 어떻게 그럴 수가 있죠?"

댄은 화들짝 놀라며 억울함을 호소했다. "저 시디를 구하느라 사흘 연속으로 몇 시간씩 자리를 비웠습니다. 저기에는 우리가 졸업 무도회에서 춤을 출 때 제가 사귀자고 말하던 순간에 흘러나온 노래가 들어 있거든요. 나는 MP3 파일 대신에 실제 음반을 선물해 주고 싶었어요. 그런데도 아내는 성에 차지 않은가 봅니다!"

서로의 세계관을 이해하기 시작하고 서로의 경제관에 대해 구체적 양상을 체험하고 나서야 비로소 두 사람은 서로의 차이를 조절하기 시작했다. 댄은 자신의 과도한 비축 행위에 따른 여러 가지 제약에 눈길을 돌렸고, 산드라는 감당하기 어려운 자신의 지출 성향을 되돌아봤다. 마침내 댄은 자신과 사랑하는 사람들에게 베풀면서 인생의 순간순간을 즐길 줄 아는 산드라의 능력을 존중하기로 했다. 산드라도 두 사람의 안정적인 미래를 위해 지출의 우선순위를 적절히 설정할 줄 아는 댄의 능력을 존중하기로 마음먹었다. 심리치료를 받는 동안 그들은 예의 바르고 정중한 분위기의 머니토크에 임하는 요령도 배웠고, 덕분에 난감한 주제도 서로를 존중하면서 대화를 나눌 수 있게 되었다(9장과 10장에서는 이 '형식을 갖춘 머니토크'에 관해 더 상세히 살펴볼 것이다).

상대방의 금전 성향에서 존중할 만한 부분을 말로써 인정하는 방식(상대방의 금전 성향에서 부러워하는 점을 인정하고 호의적 평가를 하는 것)으로 댄과 산드라는 양극화 해소를 향해 중요한 발걸음을 내딛었다.

그런데 댄과 산드라처럼 서로를 인정하지 않는 커플이 많은 까닭은 무엇일까? 그 원인 중 적어도 일부는 두려움으로 볼 수 있다. 사실 처음에 댄은 만일 산드라의 관대함을 존중한다고 인정해 버리면 그녀가 오히려 더 자유롭게 돈을 쓸까 봐 걱정했다. 반면 산드라는 만일 지출과 만족을 유보할 줄 아는 댄의 능력을 존중한다고 말해 버리면 그가 더 빡빡하게 나올까 봐 두려웠다.

그러나 일단 서로의 잘못을 나무라지 않고 서로의 장점을 칭찬하자 뜻밖의 일이 일어났다. 산드라는 자제하는 요령을 배우고 싶다고 인정할 정도로 안정감을 느꼈고, 댄은 저축에 대한 집착을 내려놓고 산드라와 아이들과 함께 삶을 더 즐기고 싶은 마음을 기꺼이 인정하게 되었다. 커플이 양극화 패턴에 갇혀 있을 때 서로에 대한 비난을 멈추고 되도록 서로를 긍정적으로 바라보면 그 효과는 실로 대단해진다.

| 설계자 vs. 몽상가

설계자들은 충동적이고 즉흥적인 결정을 싫어한다. 대신에 그들은 예상되는 구매 행위를 비롯한 다양한 형태의 금전적 지출을 숙고하는 경향이 있다. 대체로 그들은 금전적 우선순위 설정과 저축을 선호하는 구두쇠 성향이기도 하다. 그들은 실리적이고 객관적인 성향을 띤다.

몽상가는 황당무계한 목표를 잡고, 설계자는 일목요연한 지침을 마련한다

반면 몽상가들은 재정 생활에서 자신의 창의성과 잠재력을 표현할 수 있는 온갖 황당한 방법과 엉뚱한 목표를 선호하는, 미래 지향적이고 열정적인 사람들이다. 그들은 일반적으로 상세한 계획을 싫어하고, 미래의 활동에 관해 사려깊게 생각하기를 어려워한다.

설계자 케이트와 몽상가 마크의 결혼

몽상가인 마크는 40대 남성이다. 그는 연봉 1억 2천만 원의 직장을 그만두고 특수학교에서 정서장애 아이들을 가르치고 싶어했다. 꼼꼼한 살림꾼인 케이트는 석사 학위 최종 논문을 쓸 예정이었다. 그녀는 대학생인 딸 에밀리의 등록금을 마련하기 위해 예전부터 취업을 시도하고 있었다.

그런데 마크가 직장을 그만두고 특수학교에서 연봉 2천 500만 원의 견습교사로 일하겠다고 하자 케이트는 아연실색하고 말았다. 앞날이 깜깜해졌다. 얼마 지나지 않아 돈이 바닥나고, 집을 팔아야 할 것 같았다. 에밀리는 학교를 그만둬야 하고, 케이트 자신도 전공 분야가 아닌 아무 일이나 해야 할 것 같았다.

마크와 케이트가 금전 심리치료를 받으러 찾아왔을 때 두 사람은 간단한 과제(중립지대로 나아가는 요령 배우기)를 받았는데, 그 과제는 양극화 해소 과정에서 중요한 발걸음이 되는 것이었다. 3주 동안 마크는 가족을 금전적 위기에 빠뜨리지 않고 이직을 완료하는 계획을 상세한 방법으로 짜면서 마치 설계자처럼 행동해야 했다. 케이트는 평소 꼭 해보고 싶었던 모든 일을 상상하고 그 내용을 종이에 적으면서 몽상가의 역할을 맡아야 했다. 두 사람은 그 새로운 행위에 대한 각자의 느낌도 기록했다.

3주가 지나기 전에 마크와 케이트는 오랜 결혼 생활에 대해 매우 긴밀하고 보람 있는 대화를 나눴다. 또한 그들은 두 사람의 문제에 대한 창의적 해법도 발견했다. 각자 동경했던 바를 종이에 적어봤더니 두 사람 모두 해외여행이나 외국 생활을 꿈꾸고 있었다는 사실이 드러났다. 결국 마크는 케이트와 상의한 끝에 현재 근무 중인 회사의 벨기에 영업소에서 2년 동안 근무할 수 있도록 신청하기로 했다. 케이트는 벨기에에서 석사 학위 논문을 마쳤고, 마크는 특수교육 하계 강좌를 다니면서 새로운 분야에 도전했다. 그들이 미국으로 돌아올 무렵 케이트는 석사 학위를 땄고, 덕분에 급여가 높은 직장을 얻을 수 있었다. 딸 에밀리는 대학을 곧 졸업할 예정이었고, 마크는 직장을 그만두고 특수교육 분야에 투신하기로 결심했다.

결국 케이트와 마크는 부부로서 함께 해온 인생 경로에 행복감과 만족감을 느끼게 되었다. 중립지대를 향해 나아간 덕분에 그들은 두 사람 모두 흡족해하는 결정을 내릴 수 있었다. 그들은 매주 1회 실시한 심리치료를 세 번만 받고도 양극화 해소 과정을 성공리에 마쳤다.

| 염려자 vs. 기피자

염려자들은 온라인으로 늘 은행 잔고를 확인하고, 주가가 하락할 경우의 손해를 걱정하고, 명의 도용을 막기 위해 신용 기록을 점검하느라 시간을 허비한다. 돈을 둘러싼 그들의 근심은 거의 집착에 가깝다. 이와 대조적으로 기피자들은 되도록 돈 문제에 관심을 갖지 않으려고 한다. 그들은 수표책 결산, 대금 결제, 세금 납부, 예산 편성, 미래 계획 등을 회피한다.

염려자들은 돈에 대한 지나친 두려움과 근심에서 한걸음 물러날 필요가 있다. 기피자들은 재정 생활의 현실을 직시할 필요가 있다. 그래야 재정 결정을 내려야 할 시점에 당황하지 않을 것이다.

염려자 바버라와 기피자 고든의 결혼

바버라와 고든은 결혼한 지 불과 2년 만에 심리치료실을 찾았다. 바버라의 첫 번째 결혼은 금세 막을 내렸고, 전 남편과의 사이에는 자녀도 없었다. 바버라와 전 남편은 수입이 비슷했고, 각자 돈을 관리했다. 한편 고든은 20년간이나 함께 살다가 이혼한 첫 번째 아내에게 이혼 수당과 자녀 양육비를 지불하고 있었다. 그의 쌍둥이 아들들은 막 대학을 졸업했고, 막내아들은 아이비리그의 어느 명문대에 입학했다.

소규모 병원을 운영하는 의사인 고든은 수입이 상당했다. 그러나

기피자와 염려자는 상대방 때문에 미치도록 괴롭다

그는 고질적인 기피자였다. 그는 보험회사에 청구서를 제때 보내지 못했고, 환자들에게 치료비를 받는 데 소홀했고, 해마다 세금을 뒤늦게 납부했다. 그의 실소득은 대부분 막내아들의 학비를 비롯해 전처와 자식들을 부양하는 데 쓰였다.

바버라는 본인이 어느 정도 염려 성향을 띠고 있음을 인정했다. 하지만 고든과 결혼하기 전에는 그 정도로 심하지 않았다. 바버라는 아내인 자신에 대한 사랑과 지지를 보여줄 만한 금전적 투자를 하지 않는 고든에게 불만이 있었다. 하지만 고든은 바버라가 전처 자식들도 사랑하고 아껴줬으면 했고, 막내아들이 대학을 졸업할 때까지는 힘들더라도 되도록 참아주기를 기대했다.

바버라와 고든처럼 염려자와 기피자가 결혼한 경우는 한쪽이 극단적인 유형일 때 양극화가 심각해질 수 있다. 즉 고질적인 염려자와 결혼한 기피자는 기피 성향이 더 심해질 것이다(극심한 걱정과 긴장에 시달리는 배우자와 함께 지내다 보면 돈 문제로부터 도망치고 싶은 생각이 들 가능성이 높다). 한편 철저한 기피자와 결혼한 염려자는 기존의 염려 성향이 더 굳어질 것이다. 왜냐하면 둘 중 한 사람은 부부의 재정 생활을 둘러싼 현실에 신경 써야 하기 때문이다.

돈 문제에 대한 고든의 극단적 기피증과 전처 자식들을 위한 과소비 경향 때문에 바버라는 이전부터 있었던 염려 성향이 더 극심해졌다. 결혼 후 바버라는 완전한 염려자로 변모했고, 그녀의 인생에서 가장 심각한 지경의 구두쇠 성향이 되고 말았다.

심리치료 기간에 두 사람 모두 돈과의 대화를 작성했고, 습관에서 벗어난 행동을 연습했다. 고든은 평소 기피했던 임무, 보험회사에 청구서 보내기와 진료비 수금하기를 수행하기로 했고, 바버라는 집중적으로 짧게 끝내는 '의식적 근심'을 연습했다(걱정거리를 종이에 적고 의식적으로 그것에 관해 생각하는 것). 그 덕분에 바버라는 근심을 점점 줄일 수 있었다.

석 달 뒤 두 사람의 의사소통 수준이 향상되었고, 돈을 둘러싼 두 사람의 관계도 호전되었다. 고든은 막내아들이 대학에 다니는 동안 바버라가 부부의 생활비를 감당하고 검소하게 살림을 꾸려나가는 것이 얼마나 고마운 일인지 인정할 수 있었다. 바버라는 전처의 세 아들에 대한 고든의 책임감 있는 행위가 지금의 아내인 자신에게까지 확대되는 헌신적인 애정의 반영임을 인정할 수 있었다. 아내를 향한 감사의 마음을 담은 고든의 애정 어린 카드 문구 덕분에 바버라는 고마움을 느꼈고, 이전보다 치료비를 잘 수금하고 관련 서류도 잘 보관하는 남편의 모습에 한층 안심이 되었다.

만일 당신과 배우자가 기피자와 염려자의 역학관계 속에 갇혀 있더라도 당황하지 말기 바란다. 약간의 노력과 선의와 시간과 끈기를 동원하면 흔하게 볼 수 있는 이런 양극화 구도도 조화로운 모습으로 바뀔 수 있다.

216

| 혐오자 vs. 축재자

혐오자들은 돈이란 존재에는 사람들의 가치관과 도덕성을 타락시킬 만한 힘이 있다고 믿는다. 그들은 사악한 '가진 자'보다 오히려 '가지지 못한 자'가 되려고 한다. 그들의 관점에서 '청빈 사상poverty consciousness'은 검소하게 생활하고 타인의 불행에 극도로 예민한 사람들의 미덕이고, 부의 축적은 탐욕스럽고 이기적인 행동이다. 흔히 혐오자들은 봉급 인상이나 상속, 또는 배우자의 복권 당첨을 통해 많은 돈이 생기면 불안감과 죄책감을 느낀다.

반면 축재자들은 돈을 긍정적 의미에서 힘이나 자존심으로 여긴다. 그들은 돈이 많을수록 삶이 나아질 것이고 자부심도 커질 것이라고 생각한다.

따라서 많은 돈보다 더 좋은 것은 없다고 보는 축재자와 돈을 나쁘고 더러운 것으로 여기는 혐오자가 만나면 서로의 세계관에 대한 오해와 긴장관계가 생겨날 수밖에 없다.

혐오자 데번과 축재자 캐런의 결혼

데번과 캐런은 결혼한 지 5년째인 30대 초반의 부부이다. 두 사람은 민권운동 시위 현장에서 처음 만났다. 데번은 당시 환경단체에서 일하며 연봉 2천 800만 원을 받았다. 캐런은 법학대학원을 다니다 데번을 만났고, 차별 철폐 조치와 여성 문제를 전문으로 하는 소규모

혐오자와 축재자는 딴 세상 사람들이다

법률회사에서 일했다. 그녀는 연봉이 6천만 원이었고, 몇 달 뒤 연봉이 크게 오를 예정이었다. 두 사람에게는 또 다른 차이도 있었다. 데번은 천주교를 믿고 8명의 자녀가 있는 서민층 가정에서 자랐다. 캐런은 중상류층 가정에서 자랐고, 의사와 전기공학 엔지니어인 오빠들이 있었다.

당시 데번과 캐런 부부의 긴장관계는 자동차 구입과 휴가 문제를 중심으로 조성되고 있었다. 혐오자인 데번은 소박한 삶을 살기로, 절대 자신이 싫어하는 '부유한 특권층'의 일원으로 편입되지 않기로 결심한 상태였다. 그는 낡고 녹슨 폭스바겐 비틀을 자랑스럽게 타고 다녔다. 캐런은 비록 정치적으로는 자유주의적 활동가였지만, 매년 연봉이 오르는 것이 좋았다. 그녀는 연봉이 오르면 그중 일부 자금으로 카리브해로 휴가를 떠나고 싶었고, 새로 구입할 혼다 승용차의 계약금을 내고 싶었다. 데번은 캐런의 그런 욕구를 '혐오스러운 부르주아적 요소'로 치부했다.

혐오자와 축재자를 비롯해 서로 정반대인 유형들이 도전해야 할 과제는 입장과 관점을 조금만 바꿔보는 것이다. 서로의 역할과 관점을 잠시만 바꿔도 배우자의 입장을 공감하는 데, 그리고 자신의 재정 생활에서 엄격성과 편파적 성향을 완화하는 데 큰 영향을 줄 수 있다.

데번과 캐런은 과연 어떻게 서로의 차이를 해소했을까? 두 사람 모두 각자의 선입견이나 편견과 배치되는 사례를 찾아봤다. 데번은 자신의 돈으로 훌륭한 일을 하는 부자들의 사례를 발견함으로써 평소 부자에 대해 갖고 있던 경멸감을 누그러뜨릴 수 있었다. 심지어 그는 자기 돈으로 인생을 즐기는 동시에 이 세상을 더 나은 곳으로 만드는 활동에 돈을 쓰는 사람들의 사례도 찾아냈다. 캐런은 돈이 별로 없어도 행복하고 충실한 삶을 누리는 사람들의 사례를 발견했다. 데번과 캐런 모두 돈을 둘러싼 각자의 정서적 부담감을 통찰할 수 있었고, 서로 그것에 대해 의견을 나누는 방법을 배웠다(이 두 사람의 형식을 갖춘 머니토크에 대해서는 9장에서 살펴보도록 하자). 덕분에 두 사람은 서로의 감정과 욕구를 더 깊이 공감하기 시작했다.

데번은 인생의 즐거움을 누리고 싶어 하는 캐런을 폄하하는 대신 인정하는 방법을 서서히 배워나갔다. 그리고 캐런도 자신과 달리 매우 엄격한 방식의 삶을 고수하는 데번을 이해할 수 있었다. 행복한 부부와 그렇지 못한 부부를 여러 해 동안 조사한 임상 연구가 하워드 J. 마크먼과 클리포드 노테리어스에 의하면, 결혼 생활의 만족도를 결정하는 요소는 부부 사이의 차이점이 어느 정도 벌어져 있는지와 상관없다. 중요한 것은 부부가 서로의 차이에 대처하는 방식이다.[16] 서로의 차이에 관해 더 효과적으로 의사소통하고 더 공감하는 요령을 연습함으로써 데번과 캐런은 서로의 차이를 받아들이고 훨씬 창의적으로 대처하는 방법을 배웠다.

| 통합자 vs. 분리자

커플 관계에서 통합자들은 자신과 배우자의 돈을 합치려고 한다. 반면 분리자들은 돈의 일부나 전부를 따로 관리하려고 한다. 물론 양쪽 모두 통합자이거나 모두 분리자일 수도 있다. 두 사람의 성향이 동일할 경우 상호 간의 긴장이 조성될 가능성이 낮다. 그러나 한쪽은 통합자이고 다른 쪽은 분리자일 경우 감정이 상하거나 상대방을 오해할 가능성이 높아진다.

금전 갈등을 겪는 커플을 여러 해 동안 상담하면서 올리비아는, 일부 자금이라도 따로 관리하려고 하는 쪽은 여자들이고 돈을 합치려고 하는 쪽은 남자들일 때가 많다는 사실을 발견했다. 두 사람이 상대방의 속된 욕망을 비난하면서 서로의 차이에 따른 부정적 측면을 주목하고 있으면, 서로에게 화를 내고 상처를 줄 수밖에 없다. 이때 서로 조화를 이루며 만족스러운 해법을 도출하기 위해서는(예를 들면 일부는 합치고 일부는 따로 관리하는 것) 상대방의 마음 깊숙한 곳에 자리 잡은 친밀함에 대한 욕구를 이해해야 한다(상세한 내용은 6장을 참고).

통합자 앤드류와 분리자 줄리아의 갈등

텔레비전 대담 프로그램에 초대 손님으로 출연한 올리비아가 커플의 금전 갈등을 언급하고 있을 때 앤드류라는 젊은 남성이 일어나 이렇게 질문했다. "현재 결혼을 앞두고 있는데 벌써부터 약혼녀와 돈

통합자와 분리자는 친밀함을 서로 다르게 경험한다

문제로 갈등을 겪고 있습니다. 나는 '우리' 돈에 관해 얘기하지만, 약혼녀는 '자기' 돈에 관해 말합니다. 말이 됩니까? 대체 왜 '자기 돈'이라고 말하는 거죠?" 그의 눈빛에는 실망감이 가득 담겨 있었다.

남자의 관점에서는 말이 안 된다고 볼 수도 있다. 하지만 남자들과 여자들은 상대와 친밀한 관계를 맺는 과정에서 당면하는 도전과제가 서로 다르다. 남자들의 경우 상대방과 연결되고 그 상태를 유지하는 요령을 배우는 데 어려움을 느낀다. 남자의 돈을 합치고 싶은 욕구는 흔히 더 강한 유대감과 연결에 대한 갈망을 반영한다. 돈은 남자가 통합할 수 있는 자기 인생의 한 가지 영역이고, 많은 남자들은 금전적 통합에서 기쁨을 느낀다. 반면 여자들의 경우 상대방과의 연결이 자연스럽게 이뤄지는 경향이 있지만, 관계에 너무 심취하지 않는 요령을 배우는 데 어려움을 느낀다. 그래서 돈을 독자적으로 관리하려는 여자의 욕구는 일반적으로 친밀한 관계 속에서 건전한 자율성을 갈망하는 것을 반영한다고 볼 수 있다.

다행히 앤드류는 이 모든 사실을 받아들였고, 그의 분노는 이해와 공감으로 전환되었다. "그럴듯하군요. 이제 우리 돈과 그녀의 돈으로 무엇을 해야 할지 알겠습니다."

물론 그도 일정 금액을 따로 관리하고 싶어 한다면 좋을 것이다. 그러나 반드시 대칭적인 해법이 필요하지는 않다. 커플은 건전한 독립과 건전한 의존이 필요한 서로의 심층적인 욕구를 존중하는 것이 좋다.

둘 사이의 수입 격차 문제에 대처하기

커플 관계인 두 사람의 수입 차이가 클 때는 그 문제를 허심탄회하게 상의하는 자세가 중요하다. 두 사람은 각자 돈을 부담할 부분을 의논해야 하고, 돈을 합칠지 아니면 따로 관리할지 결정해야 한다.

부양자로서의 전통적 역할 때문에 일부 남자들은 돈을 잘 관리해야 한다고 생각한다. 어떤 커플은 아내가 남편보다 수입이 많아도 전혀 개의치 않는다. 하지만 둘 중 적어도 한 사람은 그 점을 불편해하는 커플도 있다.

글로리아는 수입 격차 문제에 대해 분명한 생각을 갖고 있었다. 그녀는 남편 에릭보다 수입이 두 배 많다는 사실을 의식하기는 싫었지만, 집세와 공과금 같은 생활비를 남편보다 많이 부담하는 것이 옳다고 생각했다. 그래서 두 사람은 월초에 글로리아가 에릭보다 두 배를 더 부담하는 방식으로 생활비를 냈고, 그렇게 일정 비율 분담한 돈으로 월말까지 모든 생활비를 충당했다. "나는 매달 2천 달러를, 에릭은 1천 달러를 냈습니다. 늘 그렇게 해왔으니까 내가 남편보다 두 배를 더 낸다는 사실을 의식하지는 않습니다. 그렇게 하니까 아무 문제없고, 오히려 뿌듯합니다." 앞서 언급했듯이 우리는 이 방식을 강력히 추천한다. 물론 남편의 수입이 아내보다 많을 때도 효과가 있을 것이다.

| 위험 감수자 vs. 위험 기피자

4장에서 설명했듯이 위험 감수자들(대개는 남자들이다)은 스릴과 금전적 위험을 감수하는 모험을 좋아한다. 위험 기피자들(주로 여자들이다)은 훨씬 더 보수적이고, 돈을 잃을 위험을 감수하기 싫어한다. 위험 감수자들은 몽상가에 가깝고, 위험 기피자들은 설계자일 공산이 크다. 위험 감수자들은 낭비자일 경우가 많고, 위험 기피자들은 구두쇠 성향일 가능성이 높다. 물론 늘 그렇지는 않다. 예를 들어 과소비 성향을 지닌 일부 여성들은 투자를 할 때 위험을 전혀 감수하지 않으려고 한다. 여러 양극화 패턴 중에서 성별과 관계된 패턴은 통합자와 분리자, 위험 감수자와 위험 기피자, 이 두 가지밖에 없다.

위험 감수자와 위험 기피자에게 위험은 각각 천국과 지옥이다. 상당한 금액을 잃을지 모르는 위험을 각오할 경우 위험 감수자는 경계가 없는 데 대한 생동감과 자유를 느끼지만, 위험 기피자는 오히려 경계선이 없으면 두려움에 휩싸인다. 돈 문제를 신중하게 다뤄야 할 경우 위험 감수자는 지루함, 우울함, 답답함을 느끼지만, 위험 기피자는 안정감, 안도감, 자유를 느끼며 근심과 두려움에서 벗어난다.

위험 감수자 앨런과 위험 기피자 아일린의 결혼

기업 임원이자 투자자인 앨런은 극단적인 위험 감수자다. 그의 아내 아일린은 서점 지배인으로 일하며 번 돈을 함부로 투자하지 않

위험 감수자들은 스릴을 좋아하고, 위험 기피자들은 스릴을 싫어한다

는다. 그런데 앨런이 아내에게 한마디 말없이 2천만 원을 옵션거래에 투자했다가 몽땅 날리고 말았다. 손실분을 복구하려고 애썼지만 결국 그는 아내에게 사실대로 털어놓을 수밖에 없었다. 처음에 아일린은 충격을 받았지만, 곧이어 배신감과 분노를 느끼기 시작했다. 사과와 화해의 뜻을 전하면서 앨런은 앞으로 2년 동안 아내가 모든 돈을 관리하는 데 찬성했다.

1년이 지났다. 두 사람은 차츰 금전적 손실을 복구하고 있었지만, 앨런은 투자를 전혀 하지 못하는 자신이 마치 죄수처럼 느껴졌다. 부부는 올리비아를 찾아왔고, 올리비아는 그들에게 각자의 위험 감수 성향과 위험 기피 성향을 직시하도록 유도했다. 이후 두 사람은 배우자의 성향을 이해하기 시작했다. 그리고 새로운 내용의 합의에 도달했다.

- 앞으로도 아일린이 대부분의 돈을 관리할 것이다. 그러나 앨런도 일정액을 지출하거나 투자할 수 있다.
- 두 사람은 정기적으로 부부의 재정적 현황을 서로 존중하는 분위기에서 솔직히 의논한다.
- 두 사람은 아일린이 작년에 선택한 종목보다 잠재적 수익이 높고 위험 부담도 큰 종목에 소액을 투자한다.
- 앨런은 자신에게 도움이 될 만한 갬블러gambler 갱생 모임이 있는지 찾아본다.

중립지대를 향해 나아가면서 앨런과 아일린은 금전적 위기로 인한 심리적 상처를 서서히 치유해 갔다. 당신도 이 부부처럼 잠시 불편하더라도 상대방의 처지에서 생각해 보면 창의성, 유연성, 그리고 새로워진 친밀함 등의 측면에서 커다란 보상을 받을 수 있을 것이다.

| 어디에 먼저 돈을 쓸 것인가

어디에 돈을 쓸 것인가에 관한 지출 우선순위의 차이 때문에 두 사람 사이에 갈등이 생길 수도 있다. 그렇다 해도 이때는 서로가 원하는 바를 얻을 수 있는 타협에 도달할 가능성이 높다. 예를 들어 남편이 본인의 목표에 내재된 갈망의 정체를 이해하면 아내가 원하는 목표와 부딪히지 않는, 제3의 목표에도 만족할 수 있다는 사실을 깨달을 것이다.

주택 구입을 둘러싼 대립

잭과 레나는 집 문제로 부딪히고 있었다. 레나는 두 사람만의 공간을 구입하려고 했고, 그것은 그녀에게 금전적 안정뿐 아니라 일종의 성공을 의미했다. 잭은 그런 대규모 지출에 단호히 반대했다. 그의 아버지는 평생 주택담보대출금을 갚느라 그토록 싫어했던 직장을 다녀야 했다. 잭은 절대로 아버지처럼 살지 않겠다고 결심했다.

두 사람의 다툼은 처음엔 해결의 기미가 보이지 않았지만, 서로 상대방 마음의 기저에 깔린 감정을 탐색하면서 상대방의 욕구를 만족시킬 수 있음을 깨달았다. 잭은 주택 소유에 대한 부정적 감정이 아버지의 뼈아픈 실수에서 비롯됐다는 점을 깨달은 뒤 부담이 크지 않은 소형 주택을 구입하는 문제를 검토하기 시작했다. 한편 레나는 주택을 소유하는 방법 이외에 금전적 안정감과 성취감을 느낄 수 있는 방법을 모색하게 되었다.

서로의 내적 요인을 깊이 이해할수록 두 사람은 효과적인 해법을 쉽게 도출할 수 있었다(11장에서는 당신과 배우자가 각자의 목표와 공동의 목표를 세우고 그것을 효과적으로 달성하는 방법을 살펴볼 것이다).

| 누가 결정할 것인가

한쪽은 막강한 가해자 역할을 맡고 다른 쪽은 힘없는 피해자 역할을 맡을 때 두 사람의 갈등은 상대방에 대한 적의와 함께 심지어 폭력이 동반될 수 있다. 이 '권한 행사'와 '보복'의 패턴을 바꾸기 위한 조치를 취하지 않으면 두 사람의 관계는 지속적인 분노, 적의, 복수 등에 의해 왜곡될 것이다.[17] 그리고 결국에는 이혼으로 마무리될 가능성이 높다.

우리는 관계 속에서 권한 다툼이 끊이지 않는 여러 형태에 주목할 필요가 있다. 정보를 통제하고 힘을 비축하고 비밀을 유지하는 것으로, 또는 해묵은 원한, 복수심, 신뢰와 오픈마인드 부족으로 인해 다툼은 일어난다. 권한, 지식, 정보, 의사결정 등을 상대방과 공유해야만 결혼 생활이 제대로 굴러갈 수 있다. 우리는 이 권한 다툼이 계속되는 과정에서 각자의 위치를 기꺼이 들여다볼수록 해결책을 더 확실히 찾을 수 있을 것이다.

| 양극화 해소의 5단계

다음 다섯 단계를 밟아야 양극화 해소가 가능하다.

- 배우자와 허심탄회하고 솔직한 대화를 나눈다.
- 배우자의 금전 성향에 대해 부러워하는 점을 인정하고 호의적 평가를 한다.
- 익숙하지 않은 행위와 태도를 연습함으로써 '중립지대로 나아가는 방법'을 배운다.
- 그런 새로운 행위와 태도에 대한 자신의 정서적 반응을 점검하고 기록한다.
- 긍정적인 행동을 취한 자신에게 보상한다.

커플이 갈등 해소에 성공한다는 것은 구두쇠가 일정 수준의 낭비자가 된다거나 낭비자가 일정 수준의 구두쇠 성향으로 변한다는 말이 아니다. 더 이상 서로 상반되는 금전 성향으로 인해 만성적인 긴장을 경험하지 않아도 된다는 의미다. 구두쇠는 아마 돈을 악착같이 움켜쥐려는 성향이 완화될 것이고, 낭비자는 돈을 모으거나 장기적 목표를 세우거나 지출 계획을 세울 수 있게 될 것이다.

실제로 가능한 일이냐고? 물론이다. 구두쇠 겸 염려자인 모리와 낭비자 겸 기피자인 에블린이 좋은 사례다. 두 사람은 결혼 후 여러 해 동안 행복하게 살면서 서로의 차이를 수용하고 각자의 금전 성향을 용인하면서 사는 방법을 배웠다. 실제로 모리의 목소리에는 아내의 지출 습관을 사랑스럽게 받아들이는 느낌이 묻어난다. 그는 농담 삼아 이렇게 말한다. "제가 식당 사업으로 번 돈을 부부가 나누는 방식은 돈을 천장까지 던지는 것입니다. 천장에 그대로 붙는 것은 내 돈이고, 밑으로 떨어지는 것은 아내 돈입니다."

이 농담을 그대로 받아들이면 모리는 낭비벽이 심한 아내에 대해 불평하는 남자들 중 한 사람이겠지만, 그의 밝고 사랑스러운 말투에 비추어보고 자신의 일과 아내의 장점에 대한 자부심을 고려할 때 두 사람은 적정 수준의 머니 하모니에 도달했음을 알 수 있다. 상대방의 장점과 단점, 그리고 자신의 장점과 단점에 진심으로 공감하고 그것을 존중하면 누구나 머니 하모니에 다가갈 수 있다.

| 서로를 이해하기 위한 서머리

지금까지 서로의 차이로 인한 여러 가지 양극화 현상을 살펴봤다. 이제 잠시 시간을 내어 다음 문장을 완성해 보자.

- 우리 두 사람의 가장 심각한 차이는 _____이다.
- 우리 두 사람의 두 번째로 심각한 차이는 _____이다.
- 우리 두 사람의 세 번째로 심각한 차이는 _____이다.

  (이 부분은 선택사항이다. 금전 갈등을 유발하는 서로의 차이가 두 가지밖에 없을 수도 있다. 따라서 가장 심각한 차이 두 가지만 적어도 무방하다.)

- 우리 두 사람의 심각한 차이로 인해 빚어지는 금전 갈등의 비율은 각각 _____퍼센트인 것 같다(예: 우리 갈등의 60퍼센트는 구두쇠와 낭비자의 다툼이고, 30퍼센트는 염려자와 기피자의 충돌이고, 10퍼센트는 지출 우선순위가 달라서 일어난다).

- 서로 대립하는 금전 성격 유형의 정도를 5점 만점 기준으로 평가하면 _____점이다(예: 1점이 양극화의 정도가 가장 낮고 5점이 가장 높다고 볼 때 나는 4점짜리 낭비자이고 남편은 2점짜리 구두쇠이다. 그러므로 내 행위는 남편보다 더 극단적이다).

이상의 결과를 아직 서로에게 공개하지 말고, 추정한 비율과 점수에도 너무 신경 쓰지 말기 바란다. 돈을 둘러싼 두 사람의 차이에

232

대해 당신이 인식하고 있는 것을 반영한 것에 불과하기 때문이다.

| 일곱 번째 '머니 하모니' 과제 서로에게 한 발 다가서기

배우자와 함께 다음 과제를 수행하라. 두 사람 사이의 갈등으로 이어지는 양극화 해소에 도움이 될 것이다.

- 배우자의 금전 성향에 대해 부러운 점을 호의적으로 평가하라. 되도록 배우자에게 솔직하고 개방적인 태도를 취하라.
- 돈 문제에 있어 상대방처럼 다루고 싶은 점 하나를 상대방에게 털어놓아라. 그것을 종이에 적어 놓은 뒤 나중에 말로 표현해도 되고, 종이에 적을 필요 없이 곧장 배우자에게 말해도 좋다. 두 사람 모두에게 가장 효과적인 방식을 선택하면 된다.
- 각자의 위치에서 당신을 '중립지대로 안내해 줄 만한'(즉 배우자의 스타일에 더 가까이 다가가도록 해줄 만한) 과제를 골라라. 그것은 새로운 행동, 태도, 행위일 수 있다. 과제의 목록을 작성하고, 배우자와 목록에 관한 대화를 나눠라. 가능하다면 이번 주에, 사정이 여의치 않으면 앞으로 몇 주 동안이나 한 달 동안 첫 번째 과제를 수행하라. 그리고 과제를 하나씩 마칠 때마다 일정한 간격을 둬라. 그래야 각 과제의 영향을 충분히 느낄 수 있다.

- 과제에 대한 자신의 반응이나 생각을 점검하라.
- 각 과제를 수행한 자신에게 보상을 하라. 두 사람이 함께 과제를 수행할 경우에도 보상을 하라.

일곱 번째 과제를 하면서 얻은 가장 중요한 교훈은 무엇인가? 어떤 점이 가장 인상적이었는가? 잠시 시간을 내어 양극화 해소 과정이 어떤 의미가 있었는지 생각해 보고 그 내용을 종이에 적어보자. 그렇게 복잡하고 난해한 문제에 대처하고 그것을 조금씩 해결해 가는 과정에서 당신이 기울인 노력을 인정해 주는 것도 좋다.

8장에서는 배우자와 서로 존중하는 분위기에서 더 효과적인 의사소통을 할 수 있는 구체적인 기법들을 배울 것이다.

비난과 화를 잠재우는 소통법

서로 존중하는 분위기를 만드는 대화법

서로에게 고함을 지르는 커플은 효과적으로 의사소통을 하지 못하는 것이다. 한쪽은 훈계를 하고 다른 쪽은 깊은 침묵에 빠져 있는 모습 역시 효과적인 의사소통이 아니다. 비판과 책임 전가가 난무하는 대화도 효과적인 의사소통과 거리가 멀다.

이밖에도 여러 형태의 효과 없는 의사소통은 두 사람의 갈등을 해결하는 데 도움이 되기는커녕 오히려 문제를 악화시킨다. 돈 문제로 부딪히는 커플은 팽팽한 긴장감이 도는 주제를 어떻게 의논해야 할까. 감정적 수위가 훨씬 낮은 주제를 논의할 때여도 마찬가지다. 상대의 이야기를 존중하며 경청하고, 서로에게 공감하며 반응하고, 침착하고 합리적으로 협상하고, 만족스럽고 실리적인 의사결정을 함께 내리는 방식으로 논의하는 것이 관건이다.

8장에서는 올리비아가 현장에서 의뢰인들에게 직접 가르치고 있는, 생산적인 대화를 위한 가이드라인과 구체적인 기법을 배울 것이다.[18] 이런 기법은 배우자 이외에 다른 사람들과 대화할 때도 적용할 수 있지만, 이 책에서는 배우자와 함께 돈과 삶의 목표에 관해 상의하는 문제에 초점을 맞출 것이다. 우선 안심하고 대화할 수 있는 환경을 확립하는 것부터 시작해 보자. 피곤한 소모전으로 번지지 않고, 배우자의 감정을 수용하고 자신의 감정을 조절할 수 있는 분위기를 만드는 것이다.

| 감정적인 대응에서 벗어나기 위한 가이드라인

대화를 시작하기 전 '습관에서 벗어난 행동 연습하기'의 의미를 생각하라.

예를 들어 평소 당신을 속상하게 하거나 화나게 한다는 이유로 배우자를 비난하고 공격하면서 돈과 관련한 난감한 대화를 시작할 때가 많다면, 비난하고 싶은 마음이나 분노를 드러내지 않도록 유의하라. 동시에 그보다 더 연약하고 취약한 당신 마음의 상처에 초점을 맞추는 새로운 방식으로 행동하기 바란다. 물론 여전히 화가 나겠지만, 평소처럼 화를 드러내지 말아야 한다.

반대로 평소에 상대가 분노를 폭발할 때 당신은 입을 닫은 채 침묵으로 일관하는 경향이 있다면, 자신의 감정을 말로 표현하는 것이 바로 '습관에서 벗어난 행동 연습하기'에 해당한다. 설령 누군가가 당신을 향해 불만이나 분노를 쏟아내는 상황이 싫어도 변화를 위해 새로운 반응을 시도해 보는 것은 신선한 경험이 될 것이다. 배우자의 반응이 자제력을 잃는 수위가 아니라면 당신은 감정을 말로 표현하는 쪽을 진지하게 고려할 필요가 있다.

배우자에게 다른 행동이나 태도를 요구하는 대신 자신의 불충을 먼저 살펴보라.

자기 행위에 대한 방어적 변명에 빠지는 대신에 "그렇게 한 점 미안해. 다음번에는 그렇게 하지 않을게."라고 말하는 연습을 하라(실제로 그렇게 마음먹어야 한다). 배우자가 당신의 언행 때문에 기분이 나빠진 경우, 그리고 과거의 상처로 인해 배우자의 기분이 더 나빠진 경우, 배우자의 기분을 망치는 데 당신이 끼친 영향을 인정하라(그럴 의도가 있었건 없었건 간에). 배우자가 현재의 상처를 치유하도록 돕고 나서 과거의 상처를 어루만질 틈을 줘라.

두 사람 사이의 긍정적 측면과 배우자의 긍정적 측면을 바라보는 연습을 하라.

『화성에서 온 남자 금성에서 온 여자』의 저자 존 그레이가 말했듯이 여자가 남자를 마치 완벽한 사람인 양 대하면 실제로 남자는 차츰 그런 쪽으로 변해 갈 것이다. 이것은 부정적인 방향일 때도 적용되는 얘기다. 즉 형편없는 사람으로 대하면 점점 그렇게 바뀔 것이다. 당신이 부정적인 면에 초점을 맞추면 부정적인 면이 도드라질 것이다. 긍정적인 면을 강조하면 부정적인 면에 대처하느라 소비할 에너지를 훨씬 더 많이 절약할 수 있다.

두 사람의 의견이 일치하지 않더라도 윈윈win-win 해법을 도출할 수 있다고 생각하라.

두 사람이 따로 시간을 마련해 서로의 감정과 기본 욕구를 공유하고 서로의 의견을 공감하는 자세로 경청하면, 두 사람의 서로 다른 욕구가 그리 상반되지 않는다는 점을 알 수 있다.[19]

'나 전달법I-messages'으로 상대방에 대한 비난을 최소화하라.

배우자의 행위에 초점을 맞추거나 상대방의 내적 동기를 추측하는 대신에 자신의 감정에 관해 얘기하라. 예를 들면 가끔 아무 말 없이 먼저 잠자리에 드는 배우자의 습관이 못마땅하다면 "아무 말 없이 잠자리에 드는 걸 보면 나라는 사람은 안중에도 없나 보지?"라고 쏘아붙이지 말고 다음과 같은 방식으로 말해 보기 바란다. "당신이 아무 말 없이 먼저 잠자리에 들 때면 나는 마음이 아파(무시당하는 기분이 들어. 그림자 취급 당하는 거 같아. 당신이 나를 거부한다는 생각이 들어)." 전자의 경우에도 '나'라는 단어가 등장하지만, '나 전달법'은 아니다. 전자는 상대의 방어와 반격을 유발할 뿐이다.

감정적 반응을 보이기 전에 배우자가 전달하는 바를 잘 듣고 그대로 따라 말하는 연습을 하라.

이런 식으로 의사소통의 속도를 늦추면 두 사람 모두 친밀감과 유대감을 더 느낄 것이고, 당신은 공격과 반격, 비난과 변명 같은 과거의 고질적인 패턴에서 벗어날 수 있다.

기분이 나쁠 때는 배우자에게 당신의 기분을 알고 싶은 마음이 있는지 확인한 뒤 의사소통에 돌입하라.

당신이 보낼 메시지의 성격에 관해 생각해 보고 나서 배우자에게 전달하라. 가령 당신이 흥분하고 있거나 마음이 상해 있거나 화가 나 있다고 해도 곧장 격한 감정을 직접적으로 드러내지 말고 "지금 기분이 별로 좋지 않아."라고 차분하게 말하라. 이처럼 정중하게 경고의 메시지를 날리면 명료한 의사소통에 큰 도움이 된다. 또한 당신의 말을 들을 준비가 되어 있는지 배우자에게 묻는다면, 상대에게 심리적 여유가 있는지 존중한다는 점을 보여줄 수 있다. 더불어 당신이 자신의 감정을 통제하고 있다는 점도 보여주는 것이다.

배우자가 당신에게 마음을 열고 민감한 사실이나 감정을 털어놓는 순간을 소중히 여겨라.

"당신이 왜 그렇게 별나게 굴었는지 이제 알겠어."라는 식으로 말하고 싶더라도, 배우자가 털어놓은 정보를 이후의 논쟁이나 말다툼에서 무기로 악용하는 일이 없도록 하라.

│ 긍정적 분위기를 조성하는 의식

다음은 당신과 배우자가 만성적인 갈등에 대처할 때 필요한 것이다. 안심하고 얘기할 만한 분위기를 조성하는 데 보탬이 되도록 고안했다. 다툼으로 번지지 않고 상처 받지 않아도 되는 환경이라면 두 사람 모두 편안한 마음으로 자신이 어떤 종류의 피드백을 원하는지 털어놓을 수 있고, 공감하는 자세로 경청하고 반응할 수 있으며, 서로

돈에 관한 효과적인 의사소통은 친밀감을 높인다

의 감정을 공유할 수 있다(좋은 감정이든 나쁜 감정이든 간에). 여러 과제 가운데 어떤 것은 처음에는 어색할 수 있다. 그래도 모든 과제를 시도해 보기 바란다.

오로지 긍정 피드백만 있는 '특급 대화'

배우자와의 대화에서, 특히 난감한 주제나 감정적인 주제로 대화할 때 자주 실망감을 느낀다면 올리비아가 의뢰인들을 위해 개발한 '특급 대화'를 실행해 보기 바란다. 우선 상세한 내용의 대화에 돌입하기 전에 각자 잠시 시간을 갖고, 앞으로 얘기하고 싶은 주제와 상대방이 보여주었으면 하는 이상적인 반응을 대략적으로 밝힌다.

예를 들어 낸시와 빌이 직장에서 일어난 일을 얘기하기로 결정한 뒤 낸시가 먼저 입을 뗀다고 가정하자. 낸시는 빌에게 이렇게 말한다. "오늘 정말 짜증났던 일을 모두 말할 테야. 물론 기분 좋은 일도 있었어. 되도록 내 눈을 바라보면서 따뜻하고 공감하는 미소를 지어줬으면 좋겠어. 최소한 호의적이고 관대한 눈빛을 보내줬으면 해. 그리고 '아, 그거 좋은데?'라거나 '아, 내 마음이 너무 아파. 자기가 실망할 만하군.'이나 '나도 그건 싫어.' 같은 식으로 격려해 주길 바라. 요컨대 내 입장에서 바라보고 최대한 내 감정을 이해하면서 따뜻하게 대해 줬으면 좋겠어."

그 다음 낸시는 5분이나 10분 정도 말을 하고, 빌은 낸시가 원하는 대로 실천하려고 노력한다. 이후 낸시는 빌이 잘 해낸 부분에 대해 긍정적 피드백을 제공한다. 만일 빌이 대체로 리액션이 없었고 아무 말도 없었지만 여전히 낸시의 눈을 바라보면서 따뜻하고 관대한 태도를 보여줬다면, 낸시는 그런 긍정적 반응을 보여줘서 고맙다고 말한다. 물론 아무 말도 하지 않은 점을 나무라고 싶은 마음이야 굴뚝같겠지만, 두 사람은 서로에게 오직 긍정적 피드백만 제공하겠다는 다짐을 반드시 지켜야 한다.

이제 역할을 바꾼다. 빌이 말한다. "내가 오늘 겪은 일을 말할게. 내가 말하는 내용을 당신과 연관시키거나 다른 방향으로 이끌거나 아예 주제를 바꾸지 말고 그냥 들어줬으면 좋겠어. 아예 말을 안 하고 들어도 좋아. 모쪼록 내 말에 귀 기울이고 충분히 받아들여줬으면 해." 그런 다음 낸시는 빌의 말을 듣고, 다시 빌은 낸시가 잘 해낸 부분을 긍정적으로 평가한다.

이 연습은 일단 매일 하거나 격일로 하는 것이 좋다. 하루에 10분이나 20분 정도면 충분하므로 아무리 바쁜 커플도 시간을 낼 수 있을 것이다. 그렇게 꾸준히 연습하면 현재 서로에게 필요한 바를 확인하는 효과가 있어 더 만족스러운 대화를 하는 데 보탬이 될 것이다.

긍정적 분위기를 만드는 워밍업

커플 관계에서 애정과 선의를 유지하고 싶으면 배우자에게 꾸준히 감사와 칭찬 같은 긍정적 피드백을 보내주는 자세가 필요하다. 신혼일 때는 이렇게 하기가 어렵지 않다. 신혼부부의 경우 긍정적 평가와 부정적 평가의 비율이 100 대 1 정도다. 부부 커뮤니케이션을 전공한 워렌 패럴 박사에 의하면 긍정적 평가는 시간이 흐르면서 감소한다. 그리고 커플이 건전하고 사랑스러운 관계를 유지하기 위해서는 긍정적 평가와 부정적 평가의 비율을 4 대 1로 유지해야 한다.[20]

여러 부부들이 잘 알고 있듯이 4 대 1의 비율을 유지하기란 말처럼 쉬운 일이 아니다. 사람들은 흔히 컵에 물이 반이나 차 있다고 보는 대신 반밖에 남지 않았다고 생각하는 경향이 있다. 그러나 당신이 기존의 패턴에서 벗어나 긍정적 측면에 집중하면 안정감과 고마움을 느낀 배우자도 더욱 긍정적인 방향으로 변하고 싶은 마음을 느낄 것이다.

두 사람이 자신과 상대방에게 만족함으로써 기꺼이 더 좋은 방향으로 변모하도록 유도할 수 있는 간단한 기법이 있다. 일단 '긍정적 워밍업'으로 대화를 시작하라. 예를 들어 다음과 같은 말로 대화를 시작하면 서로에게 감사하는 분위기가 조성될 수 있다.

- "얼마 전에 그거 말이야. 정말 고마워……."
- "당신이 제일 마음에 드는 점 중 하나는……."
- "당신을 존경하는 첫 번째 이유는……."
- "당신이 가장 사랑스러울 때는……."
- "우리가 행복한 커플인 까닭은……."
- "이런 딸을 낳아주신 장인 장모님께 고마워……."

- "내가 당신에게 배운 점 중 하나는……."

- "당신의 장점 중 하나는……."

- "당신이 내 단점을 보충해 주는 방식 중 하나는……."

- "당신 덕분에 행복해. 왜냐하면……."

- "우리의 추억 중에 가장 기억에 남는 것은……."

- "당신의 돈 관리 방식 중 제일 훌륭한 것은……."

이 목록에 나오는 워밍업 중 한두 가지를 골라 실천하면 두 사람은 더욱 긍정적인 마음을 갖게 될 것이고, 재정 생활을 둘러싼 난감한 문제도 더 효과적으로 상의할 수 있을 것이다.

거울 기법

상대방의 말을 경청하고 그대로 재연하는 기법은 서로를 감정적으로 자극한 경험이 너무 많은 가족 구성원들이 의사소통에 제약을 느낄 때 도움이 된다. 배우자가 보내는 메시지에 귀 기울이는 방법도 중요하지만, 메시지의 핵심을 포착하면서 취지와 내용을 그대로 재연하는 것이 특히 중요하다. 이와 관련해 올리비아가 매우 유용하다고 생각하는 활동이 있다. 『당신이 원하는 사랑 만들기*Getting the Love You Want*』의 저자이자 상담 목사로 유명한 하빌 헨드릭스로부터 직접 전수받은 거울 기법이다.[21]

거울 기법 활동은 화자話者와 청자聽者가 짝을 이뤄 수행해야 한다.

기본 원칙은 청자가 화자의 세계에 뛰어들기 위해 마음을 비워야 한다는 것이다. 청자는 자기가 말할 차례가 되었을 때만 자신의 원래 관점으로 돌아올 수 있다.

처음은 각자가 상대방에 대한 감사의 뜻을 표현하는 것으로 시작한다. 이후 아래와 같은 단계를 밟는다.

1단계 재연: 화자는 두 사람이 논의할 주제를 몇 개의 문장으로 표현한다. 청자는 그 말을 '따라 말한다'. 즉 화자의 말을 되도록 똑같이 되풀이하고 "아직 할 말 남아 있어?"라며 마무리한다. 화자는 몇 개의 문장을 더 전달한다. 그러면 청자는 다음과 같이 말하면서 화자의 말을 재연한다. "다음과 같이 꼭 하고 싶다는 뜻이지? (그리고 화자가 방금 내뱉은 말을 그대로 말한다.) 자, 아직 할 말 남아 있어?" 더 이상 할 말이 없으면 화자는 "없어."라고 대답한다.

2단계 인정하기: 청자는 최대한 섣부른 판단을 배제하고 연민을 가진 채로 화자의 관점 중 '타당한' 부분에 귀를 기울이면서 화자의 머리와 가슴속으로 더 깊이 들어간다. 예를 들어 화자가 "당신에게 돈을 한꺼번에 너무 많이 줄 때면 늘 불안해."라고 말할 경우 청자는 "그동안 내가 낭비를 했기 때문에 당신이 돈을 한꺼번에 너무 많이 주기 불안한 것은 당연해."라는 식으로 화자의 말이 옳다고 인정한다. 그 다음 청자는 이렇게 말해야 한다. "혹시 당신 말 중에 내가 아직 인정하지 못한 부분이 있으면 말해줘."

3단계 공감하기: 청자가 화자의 말을 인정하는 과정이 끝나면 청자는 다음과 같이 말하면서 화자의 감정에 대한 공감의 정도를 높인다. "당신이 화날 수 있다(슬플 수 있다, 기쁠 수 있다, 안심할 수 있다)고 생각해." 이때는 반드시 딱 한 가지 표현만 써야 한다. 이를테면 '~때문에 화날 수 있다' 또는 '~에 관해 화날 수 있다' 같은 표현 대신에 '화날 수 있다'라고 말하고 끝낸다. 그런 다음 화자와 청자는 역할을 바꾼다.

이 활동은 얼핏 힘들어 보이지만, 가족 구성원들의 습관적인 의사소통 패턴(예컨대 자세히 듣지 않기, 끼어들기, 자기 의견을 불쑥 말하기, 상대방의 시각에 내포된 정서적 영향을 충분히 파악하지 못한 채 동의하기)이 서서히 개선되는 효과가 있다. 이를 통해 가족 구성원들은 상대방의 말을 더 귀담아듣는 법을 배울 수 있다. 커플이 이 활동을 자주 하면 거의 모든 사안을 슬기롭게 협상할 수 있다.

연애편지 기법

배우자에게 너무 화가 난 나머지 연민과 이해심을 발휘해 배우자의 말을 듣고 싶은 마음조차 없는 상황도 있다. 지금 당신은 상대방의 말을 귀담아듣기는커녕 본인의 아픔과 분노를 표출하고 싶다. 만일 그렇다면 존 그레이가 고안한 활동을 배울 필요가 있다.[22] 이 기법은 배우자에게 일종의 '연애편지'를 쓰는 것이다. 상대방에 대한 여러 감정을 경험할 수 있는 연애편지 기법은 상대방과의 솔직한 의사소통을 가로막는 모든 요인을 확인하고 해결하는 데 도움이 될 수 있다.

연애편지를 쓰려면 자신의 생각과 느낌에 충실해야 한다. 배우자가 당신의 사랑과 이해심이 담긴 편지를 읽는 모습을 상상하라. 일단 당신이 배우자에게 화가 난 이유부터 언급하면서 시작하라. "~ 때문에 화가 나더군." 그런 다음에는 마음이 아픈 이유를 설명하라. "~ 때문에 슬퍼." 그 다음에는 두려운 이유나 후회스러운 이유, 끝으로 사랑의 감정을 느끼는 이유를 설명하라. 하나의 편지를 다섯 부분으로 구성하고, 부정적인 감정에서 더 긍정적인 감정으로 이동하면서 각 감정을 몇 개의 문장으로 표현하라. 각 부분의 길이를 거의 같도록 유지하고, 내용을 간략하게 작성하라. 끝부분에는 당신의 사랑을 표현하고, 서명을 하라.

분노를 표현한 부분에서는 아픔이나 절망을 표시해도 된다. 슬픔을 드러낸 부분에서는 실망을 표현해도 무방하다. 후회를 드러낸 부분에는 미안함, 난처함, 부끄러움, 기대감 따위를 포함해도 좋다. 사랑이 주제인 부분에는 감사와 긍정적 기대를 담아도 좋고, 그저 담백하고 직설적인 사랑의 마음을 담아도 좋다.

연애편지를 작성한 뒤에는 배우자에게 받고 싶은 이상적인 답신을 작성하라. 이상적인 답신이란 배우자가 당신의 연애편지를 가장 관대한 마음으로 읽는다고 가정할 때 기대할 수 있는 반응이다. 배우자의 이상적인 답신은 다음과 같은 문구로 시작할 수 있다. "~에 대해 고마워." "~라는 점 이해해." "~는 미안해." "당신은 ~할 자격이 있어." "~하고 싶어." "사랑해."

연애편지나 답신을 쓰면서 더 관대하고 사랑스러운 분위기에 젖어들고, 당장의 과제에 관해 기꺼이 의사소통할 준비가 되었다고 느끼는 사람은 굳이 연애편지나 답신의 내용을 배우자에게 알려줄 필요는 없다. 하지만 내용을 공유하는 편이 더 낫다고 판단하면 그렇게 해도 된다. 드문 경우이겠지만 10장에서 살펴볼 댄과 산드라의 사례처럼 첫 번째 연애편지에서 너무나 만족한 나머지 굳이 답신을 쓸 필요가 없다고 느낄 수도 있다. 연애편지 기법은 자신에게 가장 적합한 방식에 따라 활용하면 된다.

| 해묵은 감정을 말할 땐 형식을 갖춰서

형식을 갖춘 의사소통 기법이란 워싱턴 시에서 활동하는 임상심리학자인 아이자야 짐머만의 기법을 변형한 것이다. 올리비아는 지난 몇 년 동안 이 기법을 활용해, 여러 커플이 감정적 수위가 높은 문제를 다룰 때도 명확하고 세밀한 의사소통에 성공할 수 있도록 도왔다.

이 기법이 지나치게 틀에 맞춰져 있는 것은 아닌지 지적하는 사람들이 있을지 모르겠다. 하지만 이것은 해묵은 갈등이나 감정적 폭발을 겪고 있는 커플이 대화의 강도를 낮추고 한결 안전한 대화 분위기를 조성할 수 있는 기법이다(비교적 낮은 수위의 갈등을 경험하고 있는 사람들은 이렇게 복잡한 구조의 의사소통 기법을 쓸 필요 없이 재연 연습만으로 충분하다고 생각할 수 있다).

이 기법을 효과적으로 활용하기 위해서는 우선 다음 기본 원칙을 지켜야 한다.

① **각 대화의 대략적인 제한 시간을 정하라.** 각 대화 시간이 3분을 넘지 않도록 하라. 긴 독백이나 장광설長廣舌은 곤란하다.

② **끼어들지 마라.** 배우자의 발언권을 존중하고 열린 마음으로 경청하라.

③ **배우자에게 전달할 메시지의 성격을 밝혀라.** 다음 네 가지 의사소통 경로 중 하나를 고른 뒤 "내 말을 들을 의사가 있어?"라고 물어라.

• 불균형 경로: 화가 나거나 마음이 아프거나 실망감을 느끼거나 어떤 식으로든 밀지고 있다는 기분을 느낀다면 "나 지금 화났어." "마음이 아파." "실망스러워."라고 말하라.

• 균형 경로: 중립적이거나 긍정적인 생각을 공유하고 싶다면 "당신에게 말하고 싶은 생각(느낌)이 있어."라고 말하라.

• 확인 경로: 배우자의 관점을 제대로 이해했는지 확인하고 싶으면 "당신이 방금 말한 내용을 내가 제대로 이해했는지 알고 싶어."라고 말하라.

- 협상 경로: 어떤 사안에 대해 꼭 합의하고 싶다면 "이렇게 하면 어떨까?"라고 말하라. 이것은 네 가지 경로 가운데 유일한 행동 경로이다.

이처럼 메시지의 성격을 정해서 밝히면 배우자는 존중받는 느낌이 들 수 있고, 당신이 지금 어떤 식의 의사소통을 하고 싶은지 알 수 있다.

④ **배우자가 당신의 말을 기꺼이 들을 준비가 됐는지 물어라.** "열린 마음으로 내 말을 정말 들을 수 있겠어? 아니면 미리 방어적 태도를 취하면서 들을 거야?" 배우자가 이 문제를 생각할 시간을 제공하라. 당연한 말이지만, 이 질문에 열린 마음으로 "들을 수 있어."라고 대답하지 못하는 사람은 "아니."라고 대답할 것이다.

⑤ **동의를 표시하는 말 "들을 수 있어"뿐 아니라 거부를 나타내는 말 "아니" 도 존중하라.** 배우자가 기꺼이 들으려고 할 때만 의사소통에 나서라. "들을 수 있어."라고 대답했다면 동의한 것이다. 하지만 아직 배우자는 "아니."라고 말할 여지가 있다.

⑥ **당신이든 배우자든 간에 거부 의사를 드러낸 사람이 주도권을 갖는다.** "아니."라고 대답하는 사람은 상대방의 말을 듣는 데 걸림돌이 되는 부정적 감정을 털어놓을 기회를 요청할 수 있고, 이후 특정 시점에 다시 논의하자고 제안할 수도 있다.

⑦ **"들을 수 있어"라고 말한 사람은 친절한 태도로 끼어들지 말고 들어라.**

⑧ 할 말을 다했으면 다음과 같이 말하라. "끝."

⑨ **되도록 배우자의 기분을 수시로 살펴라.** 배우자가 자기 감정을 털어놓으면 그 내용을 그대로 재연하고, 다음과 같이 물어라. "당신이 의도한 바대로 내가 당신 말을 경청했어?" 배우자의 발언 내용을 따라 말하거나 확인하는 가장 중요한 이유는, 말 그대로의 내용뿐 아니라 메시지의 취지를 정확히 공유하기 위해서다. 이렇게 하면 배우자는 당신이 적절한 반응을 보였는지, 무언가를 빠뜨렸는지, 잘못 알아들었는지 등에 관한 피드백을 제공할 수 있다.

⑩ **배우자가 확인을 시도할 때마다 항상 피드백을 제공할 필요는 없다.** 배우자가 당신의 말을 제대로 듣지 않거나 당신의 메시지를 제대로 확인하지 못하는 점에 화가 나도 전면 공격에 나서지 않도록 주의하라. 당신의 분노를 표현하고 싶으면 '불균형 경로'를 선택한 뒤 배우자에게 당신의 말을 듣고 싶은지 묻고, 분노와 실망감을 전달하는 것이 좋다. 만일 당신의 말을 이해하려는 배우자에게 고마움을 느낀다면 '균형 경로'를 선택함으로써 긍정적인 느낌을 알려주면 된다. 물론 배우자의 동의를 구해야겠지만 말이다. 그런 다음 배우자가 효과적으로 경청한 메시지의 비율이 어느 정도인지 피드백을 줄지 결정하라.

⑪ **배우자가 당신의 감정을 알기 전까지는 협상을 시도하지 마라.** 배우자에게 당신의 부정적 감정을 알리고, 배우자가 공감과 연민의 자

세로 당신의 감정을 경청하고 확인하도록 유도하라. 서로의 거북한 감정을 알고 이해하지 못하면 협상은 성공하지 못한다.

⑫ **협상의 유일한 대상은 행동이다.** 행동 변화를 협상하고 싶으면 일단 배우자가 원할 만한 것을 주고 나서 당신이 원하는 것을 요구하는 편이 좋다(하지만 반드시 그렇게 할 필요는 없다). 협상이 성공할 수 있는 유일한 대상은 행동뿐이다. 감정은 협상의 대상이 될 수 없다. 그러므로 당신에게 고함을 지르지 말라고 요구할 수는 있어도 화나지 말라고 요구할 수는 없다(어떻게 화가 날 수 있느냐고 말하지 말라). 모든 사람은 온갖 감정을 느낄 권리가 있기 때문이다.

⑬ **서로 등을 맞대고 앉기를 시도하라.** 두 사람 중 적어도 한 사람은 난감한 문제를 다룰 때 시선을 맞추지 않아야 더 안정감을 느끼고 솔직해지는 경우도 있다. 상대방에게 아픈 마음이나 화난 느낌을 털어놓을 때 등을 맞대고 앉는 방법을 고려하는 것도 좋다. 그렇게 등을 맞대고 앉아 속내를 털어놓은 뒤 다시 서로의 얼굴을 보면서 중립적이거나 긍정적인 의견을 교환하면 된다.

⑭ **갑자기 화가 치밀 때 흥분을 가라앉혀라.** 갑자기 화가 치밀 때는 잠시 숨을 돌린 뒤 그 원인을 좀 더 객관적으로 분석하라. 또 다른 방법은 배우자와 등을 맞대고 앉은 뒤 그토록 화난 상태라도 의사소통을 이어가도 되는지 묻는 것이다. 배우자가 동의한다면 당신이 분노를 달래고 의사소통을 이어나가는 데 도움이 될 것이고, 의사소통을 마무리한 다음에는 시원한 느낌이 들 것이다.

"후유, 다행이다! 말하길 잘했어. 감정을 털어놓으니까 후련하군."

| 형식을 갖춘 의사소통의 실전

형식을 갖춘 의사소통의 대략적 틀을 파악했으므로 이제 실습 과정으로 넘어가보자. 배우자와 함께 상의하기가 어려운 주제가 있다면 다음 단계를 밟기 바란다.

① 긍정적 준비운동으로 편안한 분위기를 조성한다(앞서 살펴본 긍정적 분위기를 만드는 워밍업을 참고하라).

② 가슴 아프거나 화나거나 치밀어 오르거나 하는 감정을 털어놓는다. 적어도 이 단계에서는 등을 맞대고 앉는 편이 좋다.

③ 되도록 서로의 감정에 공감하며 경청하고 상대방의 감정을 확인한 뒤 자신의 감정을 털어놓는다. 하지만 상대방의 말을 공감하면서 경청할 수 없으면 본인의 불만을 먼저 털어놓은 뒤 상대방의 감정을 확인한다.

④ 협상을 통해 각자의 기존 패턴에서 벗어난 새로운 행동과 태도를 상대방에게 제안한다.

⑤ 다음과 같은 말로 서로 감정 달래기를 해준다.

- "오늘 당신에게 가장 고마웠던 점은······."
- "속마음을 털어놓을 때 당신이 잘한 점은······."
- "당신이 한 말 중에 가장 고마운 점은······."
- "~때문에 당신을 더 깊이 이해할 수 있었어."
- "당신이 ~했기 때문에 당신 말을 제대로 이해할 수 있었어."

8장에서 살펴본 여러 기법으로 과제를 수행하면서 느낀 점을 노트에 기록하라. 그런 다음 새로운 행위를 시도한 자신에게 보상을 해주기 바란다.

| 형식을 갖춘 머니토크에 긍정 의식 활용하기

앞서 배워본 다양한 의사소통 기법으로 돈 문제에 관한 당신의 과거사를 털어놓을 준비가 됐다. 형식을 갖춘 머니토크 1단계(9장)에서는 당신이 논의할 주제를 어떤 순서로 다룰지 제시할 것이다. 따라서 당신은 형식을 갖춘 의사소통의 몇 가지 형식만 활용하면 될 것이다. 굳이 등을 맞대고 앉을 필요는 없고, 특정 의사소통 경로를 선택하기 위해 양해를 구할 필요도 없다. 다만 상대방이 발언할 때 끼어들지 말고 차분히 경청하라. 그리고 상대방이 털어놓은 정보를 나중에 공격하는 데 써먹지 마라. 아울러 시작할 때는 '워밍업'을 하고, 끝낼 때는 '감정 달래기'를 잊지 말기 바란다.

형식을 갖춘 머니토크가 끝나갈 시점이 되면 배우자가 털어놓은 내용을 확인하거나 재연하고 싶을 수도 있을 것이다. 형식을 갖춘 머니토크(10장) 2단계에서 감정적 수위가 비교적 높은 주제를 만날 때는 8장에서 살펴본 지침을 지킬 필요가 있을 것이다.

9장

형식을 갖춘 머니토크 1단계

돈에 얽힌 과거사 털어놓기

두 사람이 아무리 오랫동안 함께 살았어도 돈에 얽힌 서로의 과거사는 잘 알지 못하는 경우가 대부분일 것이다. 돈은 이처럼 민감한 주제이기 때문에 일상의 대화에서 돈과 관련한 과거 경험을 공유하는 일은 드물다.

데번과 캐런도 예외가 아니었다. 혹시 7장에 등장한 이 커플이 기억나는가? 데번은 검소한 생활방식을 중시했다. 그는 물가가 비싼 워싱턴 시에 소재한 비영리 환경단체에서 일하며 연봉 2천 800만 원을 받는 현실에 만족했다. 그의 자동차는 낡고 덜커거리는 폭스바겐 비틀이었고, 그는 비싼 자동차를 몰고 멋진 곳에서 휴가를 보내는 주변의 '부르주아'를 혐오했다. 캐런은 소규모 법률회사에서 변호사로 일했고, 적어도 데번에 비하면 심한 축재 성향의 소유자였다. 그녀는 남편과 함께 근사한 여름휴가를 즐기고 혼다 어코드를 새로 장만하고 싶었지만, 혐오 성향의 남편은 캐런의 그런 생각을 비웃었다.

두 사람의 친밀함을 회복할 수 있는 의사소통 과정의 첫째 단계로서 데번과 캐런은 각자의 금전적 과거사를 공유하는 머니토크moneytalk를 시도하기로 결정했다. 두 사람은 5년 이상 함께 살았고 돈 이외의 문제에 대해서는 많은 정보를 공유했다. 그러나 캐런은 돈에 관한 서로의 과거에 대해 두 사람이 잘 모른다고 생각했고, 데번도 캐런의 판단에 동의했다.

9장에서는 데번과 캐런이 진행하는 머니토크를 살펴볼 것이다. 동시에 당신과 배우자에게 적합한 머니토크를 진행할 수 있는 방법도 알게 것이다. 그렇지만 굳이 우리가 추천하는 머니토크의 순서를 따를 필요는 없다. 당신과 배우자에게 효과적인 순서를 선택하면 된다.

서로 존중하는 대화 기법에 관해 8장에서 배운 모든 내용을 상기하면서 머니토크에 임하면 장담컨대 두 사람이 이전보다 훨씬 친밀해졌음에 깜짝 놀랄 것이다.

형식을 갖춘 머니토크를 시작할 때

형식을 갖춘 머니토크 1단계는 금전 갈등을 탐색하기 위한 것이 아니라 정보와 감정을 공유하기 위한 것이다. 머니토크에 임할 준비가 되었으면 다음 지침을 따르기 바란다.

스트레스가 없는 편안한 시간을 골라라. 두 사람 모두 스트레스에 시달리거나 괴롭지 않은 시간, 함께 집중력을 발휘할 수 있는 시간을 선택하라. 사실 스트레스로부터 자유롭지 못한 일상생활에서 이런 시간을 고르기는 말처럼 쉽지 않겠지만, 그것을 핑계로 삼지 않아야 한다. 너무 어렵다면 평소보다 스트레스가 상대적으로 덜한 시간을 골라라.

자신에게 가장 효과적인 의사소통 방식을 선택하라. 혹시 글로 썼을 때 가장 효과적으로 의사소통할 수 있는가? 그렇다면 의논해야 할 문제에 대한 자신의 의견을 기록해 놓았다가 머니토크 도중에 그것을 하나씩 털어놓거나 잠시 기다렸다가 맨 마지막에 한꺼번에 말해도 된다. 혹시 현장에서의 즉흥적 발언에 더 능한가? 그렇다면 당신이 얘기하고 싶거나 얘기할 필요가 있는 내용이 그때그때 떠오를 것이라는 자신감을 갖고 말로 의사소통해도 무방하다. 당신과 배우자의 의사소통 스타일이 달라도 상관없다. 예를 들어 당신은 글로 표현하고 배우자는 말로 표현해도 된다.

일단 감사의 뜻을 표시하면서 시작하라. 8장에서 살펴본 긍정적 분위기를 만드는 워밍업 메시지 한두 가지를 골라 배우자에게 또는 두 사람의 관계에 대해 감사하고 싶은 점을 전달하라.

배우자도 감사의 뜻을 전달할 시간이 필요하다. 한쪽이 감사의 뜻을 표시할 때는 끼어들지 마라. 청자의 임무는 존중하는 태도로 공감하면서 화자의 발언을 듣기만 하는 것이다.

대답할 수 없는 부분은 넘어가라. 하지만 그 부분에 대해 생각해 보고 나중에 다시 배우자에게 대답할 수 있도록 노력하라.

데번과 캐런의 머니토크 워밍업

다음은 데번과 캐런이 진행한 형식을 갖춘 1단계 머니토크의 내용이다.

캐런: 내가 밤늦게까지 일하고 퇴근했을 때마다 식사를 차려줘서 고

마워. 그토록 여러 번 밤에 혼자 있으면 외로운 거 잘 알아. 내가 집에

올 때마다 잘 챙겨줘서 정말 고마워.

데번: 당신은 유머 감각이 뛰어난 편이야. 내가 환경단체 일로 너무 심

각해질 때마다 항상 내 기분을 풀어주잖아.

이렇게 상대방에게 느끼는 긍정적 감정을 털어놓자 데번과 캐런은

훨씬 더 친밀감을 느끼고 기꺼이 속내를 털어놓고 싶어졌다.

돈에 얽힌 과거사, 어릴 적 기억 털어놓기

이제 유년기에 접했던 금전적 메시지를 배우자에게 털어놓을 차

례다. 2장에서 얘기했듯이 유년기의 금전적 메시지는 어른으로 성장

한 당신의 신념과 행위에 지대한 영향을 미칠 수 있다. 다음과 같은

아홉 가지 기본 사항이 있지만 모두를 공략할 필요는 없다. 자연스럽

게 생각나는 사항만 다뤄도 좋다.

  ① 부모의 금전관

- 아버지와 어머니가 돈을 쓰던 방식
- 아버지와 어머니가 돈을 모으던 방식
- 아버지와 어머니가 돈을 바라보던 관점이나 돈에 대해 얘기

하던 방식. 예를 들면 돈을 부정적으로 여겼다거나 돈 걱정을 했다거나 서로 고함을 치면서 돈 문제에 관해 얘기했다거나 아예 돈 문제로 대화를 나누지 않았을 수 있다.

- 아버지와 어머니가 나(또는 내 형제자매)의 용돈 문제를 다룬 방식

② 돈과 관련된 유년기의 구체적 기억

- 부모에 대한 기억
- 형제자매와 친척들에 대한 기억
- 친구들에 대한 기억
- 학교 선생님이나 멘토에 대한 기억
- 종교학교에 대한 기억(종교학교를 다닌 경험이 있는 사람의 경우)

③ 가족으로부터 접한 금전적 메시지(직접적이든 간접적이든)

④ 친구들로부터 접한 금전적 메시지(직접적이든 간접적이든)

⑤ 종교적 훈육을 통해 접한 금전적 메시지

⑥ 문화를 통해 접한 금전적 메시지(텔레비전 프로그램, 광고, 영화 등)

⑦ 유년기에 접한 금전적 메시지에 대한 반응. 예를 들면 '돈을 저축하던 아버지처럼 되겠다.' '돈을 낭비한 어머니처럼 살지는 않겠다.'

⑧ 우리 집에서 돈이 상징하는 것. 예를 들면 사랑, 힘, 통제력, 독립, 의존, 자존심, 안전, 자유, 타락 등

⑨ 유년기의 금전적 메시지가 현재의 내게 영향을 미치고 있는 부분

두 사람이 번갈아가면서 이 기본 사항 중 몇 가지에 관해 말할 수도 있고, 한 사람이 먼저 모든 사항을 한꺼번에 다룰 수도 있다. 어느 방법을 선택하든 배우자를 세심하게 고려하기 바란다. 너무 많은 정보를 공유하다 보면 청자는 부담이나 압박감을 느낄 것이고, 화자는 짜증을 내거나 예민해져서 방어적 입장을 취할 수 있다.

배우자와 함께 돈에 얽힌 유년기의 기억을 떠올리고 나면 쉬고 싶은 마음이 생길 것이다. 이야기를 끝내고 난 뒤에는 잠시 숨을 돌리고 나서 다음 부분으로 넘어가는 게 좋다. 다음은 과거가 현재에 어떤 식으로 영향을 미치고 있는지 살펴보는 것이다.

처음으로 부부가 과거사를 공유하다

아홉 가지 기본 사항을 읽으면서 데번은 각 사항에 대해 메모를 적어두었고, 이후 돈에 얽힌 자신의 과거사를 캐런에게 털어놓을 때 그 내용을 이야기했다.

데번: 아버지는 벽돌공이었어. 우리를 먹여 살리느라 밤낮으로 일했지. 어머니는 우리 8남매를 키우며 집안일을 책임졌어. 두 분은 금전 문제로 한 번도 다투지 않았어. 어머니는 검소했고, 두 분 모두 가난하다는 사실을 잘 알고 있었어. 우리 식구는 휴가를 거의 떠나지 않았어.

우리 가족이 어떤 식으로 돈을 썼냐고? 생필품에만 돈을 썼어. 저축은 어떻게 했냐고? 저축할 돈이 거의 없었지. 아버지와 어머니가 돈을 어떻게 바라봤냐고? 두 사람 모두 돈이 많으면서도 자신에게만 돈을 쓰는, 탐욕스러운 부자들을 비판했어. 아버지는 가끔 그 '추잡한 부자들'의 집에서 일해야 했고, 그들의 집에서 목격한 엄청난 양의 쓰레기에 대해 언급하셨지.

용돈에 관해 말하자면, 우리 남매는 15살이 돼야 용돈을 받을 수 있었어. 나도 15살이 되고 나서 1주일에 5달러씩 받았고, 그 돈으로 내가 원하는 물건을 샀지. 우리 남매는 모두 싸구려 옷만 입었어. 가끔 우리는 다른 형제들이 갖고 있는 것을 가지려고 서로 다퉜지만, 우리 집 같은 대가족에서는 흔히 있는 일이었지. 우리 집의 큰 행사는 한 달에 한 번쯤 영화를 보러 가는 것이었어. 언젠가 루Lou가 가게에서 사탕을 훔치다가 아버지에게 들켰어. 루는 아버지에게 맞았고, 1주일 동안 텔레비전도 못 보고 집밖으로 나가지도 못했어. 학교는 갔지만 말이야.

우리는 카톨릭 학교를 다녔어. 그곳 학생들은 아주 가난한 애들도 많았지만, 우리보다 훨씬 부잣집 애들도 있었어. 우리는 이상하게도 부잣집 애들에 대한 우월감을 느꼈어. 우리가 그 애들보다 더 순수하고, 현실 세계의 '실생활'을 알고 있다고 자부했지. 우리는 천국으로, 부잣집 애들은 지옥으로 갈 것이라는 말도 했어!

수녀님들은 "돈은 모든 악의 뿌리다." 같은 말을 했어. 나는 그 말을 철석같이 믿었고, 아마 지금도 그렇게 믿고 있는 듯해. 어떤 면에서 나는 돈을 탐욕과 타락의 상징으로 바라보는 듯해. 나는 전형적인 혐오자 같아. 그렇지? (캐런은 "맞아. 그 때문에 가끔 난 정말 돌아버리겠어."라고 대답할 수도 있었지만, 그저 조용히 대변을 존중하며 그의 말을 경청했다. 참 잘했다!)

유년기 시절 내가 전달 받은 금전적 메시지를 돌이켜보면 당시 나는 물질적 궁핍에 초점을 맞추지 않으려고 애썼던 것 같아. 돈은 절대 중요하지 않은 것이라고, 아버지가 일해야 했던 큰 벽돌집에 사는 부자들처럼 탐욕스럽고 이기적이고 타락한 사람은 결코 되지 않겠다고 다짐했던 것 같아.

이제 캐런이 털어놓을 차례였다. 캐런은 미리 메모를 적어두지 않고 자연스럽게 말하기로 했지만, 이야기할 것들을 미리 점검하면서 유년기의 기억을 더듬어갔다.

캐런: 나는 시카고 교외의 부촌에서 자랐어. 우리는 원하는 모든 것을 대부분 갖고 있었어. 아버지와 어머니는 서로 달랐어. 어머니는 우리 집에 필요한 물건과 가족이 입을 옷에 흔쾌히 돈을 썼지. 아버지는 멋진 휴가를 위해, 그리고 우리의 대학 진학과 아버지의 은퇴를 대비해 돈을 저축하기를 좋아했어. 아버지와 어머니는 돈을 쓸 것인지 모을 것인지 논쟁을 벌였지만, 그리 치열하지는 않았어. 낮은 수준의 말다툼이었지.

오빠들은 나보다 용돈을 더 많이 받았어. 나는 억울하다며 아버지 어머니에게 투정을 부렸지만, 소용없었지.

학교 친구들은 대부분 나처럼 용돈을 많이 받았어. 그런데 우리 반에 바비라는 나랑 가장 친한 친구가 있었는데 집이 무척 가난했어. 나는 바비에게 점심값을 많이 빌려줬고, 때로는 옷을 살 돈도 빌려줬어. 아버지와 어머니가 그것을 알고는 그러지 말라고 했지. 나는 바비보다 돈이 많은 점이 미안했지만, 바비를 도와줄 수 있는 점은 다행이라고 생각했어.

두 분의 뜻을 거스를 수 없어서 그때부터 돈을 빌려주진 않았지만, 바비에게 이유를 설명하기가 너무 부끄러웠어. 그래서 우리 사이는 크게 벌어졌지. 몇 주 동안 바비는 내게 말도 잘 걸지 않았어. 나는 우리 사이의 긴장과 거리감 때문에 마음이 아팠어. 어른이 되면 돈을 많이 벌어서 가난한 사람들을 도와줘야겠다고 다짐했어. 아마 그 때문에 지금도 돈을 더 많이 벌려고 애쓰는가 봐. 내게도 쓰고 일부는 기부도 하고 말이야. 내가 볼 때 돈은 자유와 독립을 상징해. 돈을 많이 갖고 있을수록 원하는 것을 더 많이 할 수 있거든. 나는 적어도 그렇게 생각해.

캐런은 일단 충분히 속마음을 털어놨다고 생각했다. 그래서 캐런과 데번은 다음날 오후에 다시 머니토크를 시도하기로 합의했고, 실제로 이튿날 오후에 캐런은 자신의 금전적 과거사를 더 많이 털어놨고 데번의 말에 귀를 기울였다.

그때까지의 머니토크를 통해 알게 된 것들 덕분에 두 사람은 서로의 감정을 한결 예민하게 파악할 수 있었다. 캐런은 데번의 심적 부담을 덜어주는 차원에서 휴가 계획의 규모를 줄여야겠다고 생각하게 되었다. 유년기에 가족이 휴가를 거의 떠나지 않았다는 사실을 깨달은 데번은 아내와의 휴가를 즐길 수 있는 가능성에 더 가까이 다가가고 있었다. 또한 그는 캐런이 새 자동차를 구입하고 싶은 이유를 조금씩 이해하기 시작했다.

| 자신의 금전 성격 유형 공유하기

머니토크의 다음 단계로 넘어가고 싶다면 다시 자신에게 집중해서 다음의 논점에 대한 답변을 서로 공유하기 바란다.

- 현재 내가 볼 때 돈은 ~을 상징하는 것 같다.
  예를 들면 행복, 사랑, 힘, 통제력, 독립, 의존, 자존심, 안전, 자유, 타락 등.
- 우리가 만나기 전에 나는 돈을 다음과 같이 다뤘다. _____.
- 나의 금전 성격 유형은 _____ 이다.
  예를 들면 구두쇠, 낭비자, 폭발형 구매자, 혐오자, 기피자, 염려자, 축재자, 위험 감수자, 위험 기피자. 또는 여러 유형을 선택해도 된다.
- 나는 다음과 같은 금전 성격 유형(들)에 속하고 싶다.
  _____.
- 나는 다음과 같은 금전 성격 유형(들)에서 벗어나고 싶다.
  _____.

- 돈에 대한 기존의 태도와 행위를 바꾸기 위한 방법들을 몇 가지 써보자면 _____.
- 배우자가 다음과 같이 해주면 기존의 태도와 행위를 바꾸는 데 보탬이 될 것이다. _____.

마지막 문장은 빈칸을 채우기가 까다롭다. 이때 "당신이 씀씀이만 줄이면 내가 더 많이 쓸 수 있을 텐데." 같은 말은 삼가는 편이 좋다. 진심으로 배우자의 도움을 받아들일 자세가 되었을 때만 당신의 문제를 해결하는 데 힘을 보태 달라고 부탁해야 한다. 그럴 자세가 되지 않았다면 이 부분은 일단 건너뛰고 나중에 다루는 편이 좋다.

캐런과 데번의 계속되는 머니토크

머니토크를 더 진전시키기 전, 캐런과 데번은 서로 번갈아가며 각자의 개인 정보를 더 상세히 나눠 공유하기로 합의했다. 이번에는 캐런이 먼저 시작했다.

캐런: 내가 볼 때 돈은 여전히 자유와 독립을 상징하는 것 같아. 돈은 어느 정도 힘을 상징하기도 하지. 원하는 물건을 갖거나 하고 싶은 일을 할 수 있는 힘, 그리고 좋은 일이나 나쁜 일을 할 수 있는 힘 말이야.

우리가 만나기 전에 나는 하고 싶은 대로 다 했어. 돈이 있을 때면 근사한 식당에서 식사를 했지. 하지만 그럴 여유가 없는 몇몇 친구들 때

솔직함과 애정을 담은 대화

문에 죄책감도 약간 느꼈어. 필요한 것보다 더 많은 옷을 구입했고, 멋진 휴가를 점점 더 많이 계획했어. 나는 낭비자와 축재자의 조합 같아. 그리고 염려 성향과 혐오 성향도 조금 있는 듯해. 너무 부유해져서 원래의 가치관을 잃어버릴까 봐 좀 걱정되지만, 아마 그렇게 되지는 않을 거야. 투자할 만큼 많은 돈도 없지만, 투자에 대해 말하자면 나는 위험 기피자야.

데번: 돈은 탐욕과 타락을 상징한다고 봐. 검소하게 사는 내가 자랑스러워. 낡은 폭스바겐 비틀을 몰고 다녀도 좋고, 우리에게 자동차가 한 대밖에 없어서 자전거를 타거나 대중교통을 이용해 출근할 때가 많아도 상관없어. 시간이 더 걸릴 뿐이야. 나는 확실히 혐오자 같고, 어느 정도는 기피자인 듯해. 금전 문제를 세세히 다루고 싶지는 않거든. 당신이 나 대신 모든 문제를 해결해 주니까 고마워! 연봉이 2천 800만 원밖에 안 돼도 상관없어. 사람들은 너무 적다고 하지만, 그 점이 오히려 더 자랑스러워.

캐런: 나는 돈 문제로 신경을 덜 쓰고 싶고, 원하는 모든 것을 할 수 있을 만큼 많은 돈을 모으려고 안달하기는 싫어. 기분 좋은 일에는 흔쾌히 돈을 쓰고 싶어. 적당한 수준에서는 말이야. 그리고 옳다고 생각하는 대의명분에도 기부하고 싶어. 꼭 필요한 지출은 아닐 때 우리 사이에 흐르는 긴장감을 줄이고 싶어. 당신은 가끔 비판적으로 나오지만, 내가 좋아하는 일에 돈을 쓰려고 할 때는 비판을 자제해 주면 고맙겠어. 엄청난 금액의 돈이 없더라도 꿈과 목표를 마음껏 추구할 수 있다는 사실을 깨

달을 수 있도록 당신이 나를 도와줄 수도 있어. 가슴 깊은 곳의 갈망과 꿈을 말하는 내게 귀기울여 주는 것도 나를 도와주는 일이야. 그 갈망과 꿈을 이룰 수 있는 방법을 함께 연구하는 것도 마찬가지야.

데번: 인정하기는 어렵지만, 사실 이제 나는 돈이 많이 생겨도 내 영혼이 팔려나간다거나 내가 소중히 여기는 가치를 배신하는 일은 없을 것이라고 생각하고 싶어. 죄책감 없이 당신과 함께 휴가를 즐기고 싶어. 낡은 자동차가 완전히 고장 나면 혼다 어코드를 사도 괜찮고, 가끔 그것을 타고 출근해도 상관없어. 아, 지금 이런 말을 하면서 좀 어색하지만, 이성적으로 볼 때 당신이 원하는 바는 나쁘거나 황당한 것이 아니라 정말 괜찮은 것이라고 생각해. 적어도 당신에게는 그래. 아마 결국 내게도 괜찮은 것이겠지.

나의 극단적인 혐오 성향을 비판적으로만 바라보지 말고 내가 그런 성향을 조금 뛰어넘을 수 있도록 도와준다면 큰 힘이 될 거야. 우리 집 컴퓨터로 온라인 은행 거래를 할 수 있도록 당신이 방법을 가르쳐주면 이제 나도 돈 관리 문제를 그렇게 싫어하지는 않을 거야.

| 기꺼이 털어놓을 수 있는 분위기 만들기

당신과 배우자가 함께 머니토크를 진행하다 보면 상대방의 정보를 공유하게 된다. 그 점이 취약점이 되어버리는 상황을 조심해야 한다.

"당신의 쫀쫀한 성격은 구두쇠인 당신 아버지 때문인 거 다 알아."라거나 "이제 나에 대해 좀 알았으니 어떻게 해줄 건데?" 같은 식으로 말하지 마라. 서로 공유한 정보를 언제가 됐든 상대를 공격하는 데 악용하지 마라. 머니토크로 인한 커뮤니케이션 과정을 통해 관계가 깊어지고 친밀감이 높아지는 경험을 하고 싶다면 서로 편안하게 경청하고 상대의 정서적 정보를 공유할 수 있는 안전한 분위기를 조성해야 한다. 배우자의 금전 성격 유형의 원인, 그리고 그것으로 인해 겪고 있는 어려움과 도전과제에 공감하면 서로의 친밀감이 크게 향상될 것이다.

| 머니토크를 할 때 옵션 사항

이미 결혼이나 장기간의 동거 경험이 있는 경우에는 현재의 배우자와 다음과 같은 추가 정보를 공유하는 것이 좋다. 명심하라. 상대방이 말할 때 끼어들거나 논평을 하거나 질문하지 마라.

- 첫 번째 결혼 생활이나 동거 생활에서 나와 상대방은 금전 문제를 이렇게 처리했다. _____.
- 그때 상대방과 다음과 같은 일 때문에 자주 다퉜다. _____.

- 그런 경험을 겪은 뒤 나는 다시는 다음과 같이 행동하지 않겠다고 다짐했다. _____.
- 내가 그 경험을 통해 배운 점은 다음과 같다. _____.

이 네 가지 정보를 주제로 열띤 토론에 돌입하지 마라. 비교적 감정적 수위가 높은 쟁점은 형식을 갖춘 머니토크 2단계(10장 참조)에서 다룰 수 있을 것이다.

돈과의 대화 공유하기

두 사람 모두 돈과의 대화를 작성했다면(5장 참조) 이 1단계 머니토크의 마무리 단계에서 돈과의 대화를 서로 공유해도 된다. 하지만 둘 중 한 사람만 돈과의 대화를 작성한 경우 배우자에게 그 내용을 보여주면 자신만 손해 보는 느낌이 들 수 있다. 돈과의 대화를 작성하지 않은 상대방을 탓하는 대신 이 1단계 머니토크 과정에서 경험한 발전과 긍정적 측면을 공유하는 데 집중하라. 긍정적인 부분에 초점을 맞추면 두 사람의 관계는 더욱 긍정적으로 달라질 것이다.

배우자가 털어놓은 내용을 재연하기

금전적 과거사를 서로 털어놓는 과정에서는 감정적 수위가 꽤 높은 문제가 돌발적으로 등장할 수 있다. 이미 지적했듯이 그런 문제에 당장 뛰어들지 마라. 대신에 8장에서 살펴본 거울 기법을 구사하라.

상대방의 이야기를 따라 말하는 것으로 공감과 안정감의 수준이 향상되고, 진심으로 상대방의 입장을 이해하려고 애쓴다는 느낌을 줄 수 있다.

| 머니토크의 효과를 높이는 강화 과정

다음은 1단계 머니토크의 마지막 이야기 주제다.

- 오늘 내가 잘 해낸 점은 다음과 같다. _____.
- 오늘 당신이 나와 함께 잘 해낸 점은 다음과 같다. _____.
- 나에 관해 내가 털어놓은 점 중에서 기억나는 몇 가지 중요한 포인트는 다음과 같다. _____.
- 당신이 다음과 같이 말해준 점 고맙게 생각한다. _____.
- 이 머니토크를 수행한 우리를 칭찬하는 의미에서 다음과 같이 했으면 좋겠다. _____.

두 사람이 동일한 보상을 받는 것이 좋지만, 각자 다른 보상을 받아도 나쁘지 않다. 정말 뿌듯한 느낌이 들면 배우자와의 공동 보상뿐 아니라 개별적 보상을 또 받아도 된다.

격려하고 칭찬하는 긍정성 강화

데번과 캐런은 허심탄회하고 솔직한 머니토크에서 큰 성과를 올렸다. 다음은 두 사람이 각자에게, 그리고 서로에게 뿌듯해하는 대화의 내용이다.

데번: 아주 긴 시간 동안 돈 문제에 기꺼이 집중한 점과 아홉 가지 기본 사항 모두를 다루는 데 시간과 노력을 투자한 점 뿌듯하게 생각해. 아울러 나의 혐오 성향을 둘러싼 특이점 몇 가지를 흔쾌히 인정한 점도 그래.

그리고 당신에 관한 정보를 솔직하게 알려줘서 고마워. 당신이 나를 비판하거나 공격한다는 느낌을 전혀 받지 않았어. 정말 고마워. 당신의 유년기가 나랑 전혀 다르다는 점을 깨달았고, 당신 스스로 원하는 만큼 관대하지 못해 마음이 아팠다는 점도 알게 되었어. 덕분에 당신과 훨씬 더 가까워진 느낌이야. 우리에게 보상을 주는 셈치고 나중에 공원으로 놀러가거나 영화를 보러 가면 어떨까?

데번은 자기가 좋아하는 것에 돈을 과감하게 쓰지 못하는 본인의 우유부단함을 인정했다. 그는 개인적 즐거움에 대해 '이기적 지출'이라고 생각하는 자신의 무조건적 죄책감을 훨씬 더 깊이 이해하게 되었다.

캐런: 나의 단점을 기꺼이 살펴본 점 뿌듯해. 그리고 당신을 비판하거나 냉담하게 대하지 않은 점도 그래. 끼어들지 않고 조심스럽게 당신 말을 들은 점도 마찬가지야. 평소에도 오늘처럼 할 수 있었으면 좋겠어.

그리고 당신이 꺼내기 힘든 이야기를 솔직하게 말해줘서 고마워. 카톨릭 학교를 다녔다니까 이해되는 점이 많았어. 부자들을 비판적으로 바라봤던 당신 부모님에 대해 얘기해 준 덕분에 당신을 더 깊이 이해할 수 있었어. 덕분에 이제 당신의 혐오 성향을 더 부드럽고 원만하게 대할 수 있을 것 같아. 그리고 내 속의 혐오 성향은 좀 더 분발해야겠어! 공원으로 놀러가고 영화를 보러 가자는 제안, 좋았어. 찬성이야!

당신과 배우자가 1단계 형식을 갖춘 머니토크에서 캐런과 데번처럼 잘하지는 못했다는 생각이 들어도 실망할 필요 없다. 일단 의사소통의 문을 열었다는 점이 중요하다. 커뮤니케이션 기술을 꾸준히 연습한다면 결국 더 효과적인 공유와 더 깊은 친밀감으로 이어질 것이다.

1단계 머니토크를 마친 뒤 2단계 머니토크의 날짜를 바로 정하는 것이 좋다. 2단계 머니토크에서는 커플의 민감한 역학관계나 감정적 수위가 훨씬 높은 문제를 마주하고 해결하는 시도를 할 것이다(10장 참고). 아직 구체적인 날짜를 정할 준비가 안 됐다면 특정 기간이라도 정하는 편이 좋다. 예를 들면 앞으로 2주 뒤나 이번 달이 끝나기 전, 이라고 정한다. 그렇게라도 해야 지속적인 발전을 꾀할 수 있다.

형식을 갖춘 머니토크 2단계

돈에 얽힌 갈등과의 맞대결

금전적 과거사를 서로 공유했으므로 이제 더 위험한 모험(재정 생활에서의 갈등을 함께 논의하기)에 나서 보자. 8장에서 배웠고 9장에서 실습해 본 형식을 갖춘 커뮤니케이션 기법을 이용하면 파도까지 일렁이는 이 깊고 험한 바다를 안전하게 항해할 수 있을 것이다.

이 모험은 머니 하모니를 향한 여정에서 비교적 힘든 단계다. 따라서 2단계 형식을 갖춘 머니토크의 모범답안을 살펴보면 도움이 될 것이다. 모쪼록 우리가 제시하는 모범답안을 반드시 검토한 뒤 배우자와의 머니토크를 시도하기 바란다.

이제 살펴볼 모범답안의 주인공들은 이미 7장에 등장했던 댄과 산드라다. 혹시 기억날지 모르겠지만, 댄은 구두쇠 겸 염려자였고, 산드라는 낭비자 겸 기피자였다. 댄은 돈을 안전과 동일시한 반면, 산드라는 돈을 사랑과 동일시했다. 그들은 고등학교 시절부터 연인 사이였고, 결혼한 지 15년이 지났다. 최근 결혼 15주년 기념 선물 때문에 크게 다퉜다. 댄은 졸업 무도회에서 흘러나왔던 노래 '마이 프레어 My Prayer'를 몇 시간 동안 찾아 헤맸고, 그 노래가 뜻깊고 낭만적인 결혼기념일 선물이라고 생각했다. 결국 그는 '마이 프레어'를 찾아냈고, 가슴이 벅차올랐다. 그러나 산드라는 남편이 내놓은 선물을 보자 실망했다. 그녀는 값비싼 보석을 기대했고, 시디는 너무 하찮게 보였다.

산드라가 선물에 대해 불만을 털어놓자 댄은 기분이 나빠졌다. 아내의 마음을 이해하기 어려웠다. 그런 최근의 악감정 때문에 두 사람의 관계에 먹구름이 드리워졌다. 당시 그들은 두 아이를 떼어놓고 일주일간의 휴가를 떠날 예정이었기 때문에 낭만적이어야 할 휴가를 망치지나 않을까 걱정했다. 결국 그들은 휴가와 서로 다른 경제관념을 주제로 형식을 갖춘 머니토크를 시도하기로 마음먹었다.

구두쇠와 낭비자의 머니토크 사례

머니토크를 시작하기 전 부드러운 분위기를 조성하기 위해 댄과 산드라는 앞서 우리가 살펴본 기법인 '연애편지'와 '특급 대화'를 시도하기로 결정했다.

연애편지 쓰기

댄과 산드라는 30분 동안 각자 상대방에게 보낸다고 가정한 '연애편지'를 쓰기로 했다. 편지의 주제는 결혼기념일 선물 사건 이후 서로에게 느낀 감정이었다(이 기법에 관한 더 상세한 정보는 8장을 참고). 아래는 댄이 산드라에게 보낸다고 생각하고 작성한 연애편지다.

사랑하는 산드라에게

'마이 프레어'가 마음에 들지 않다니 나도 마음이 아파. 당신이 좋아할 것 같은 감성적이고 낭만적인 선물을 몇 시간 동안이나 찾아 헤맸지만 소용이 없었어. 내가 준비한 선물과 거기에 담은 사랑과 정성이 수포로 돌아갔어. 내가 무엇을 주든지 마음에 들어 하지 않을 것 같으니까 속상해.

선물을 잘못 골라 당신을 속상하게 한 점 정말 미안해. 일부러 그런 거아냐. 비싼 선물이 아니면 사랑 받는 느낌이 들지 않는 거 잘 알아. 시디를 고를 때 그 점을 기억했어야 했는데 그러지 못해서 미안해.

나는 당신에게 간소하면서도 진심이 담긴 선물을 받을 때가 좋아. 작년 결혼기념일에 당신이 내게 써준 시 같은 선물 말이야. 평소 내 뒷바라지를 해주는 점 고마워. 사랑해. 정말 당신을 행복하게 해주고 싶어.

사랑하는 남편으로부터

이 편지를 작성한 뒤 댄은 언짢았던 마음이 누그러졌고, 아내와의 관계에서 긍정적 측면을 훨씬 더 인식하게 되었다.

다음은 산드라가 댄에게 보낸다고 가정하고 쓴 연애편지다.

내 사랑하는 남편 댄에게

그런 싸구려 시디를 결혼기념일 선물로 주니까 화가 날 수밖에 없었어. 내가 당신에게 그 정도밖에 안 되는가 싶었지.

선물 문제로 서로 언짢아하고 으르렁대는 모습 싫어. 결혼기념일 외식을 망친 것도 그래. 서로의 차이를 좀 더 사랑스러운 방식으로 해결할 수 있었으면 해.

우린 너무 달라서 앞으로도 서로가 진짜 원하는 것을 채워주지 못할까 봐 걱정돼. 서먹서먹한 사이는 싫어. 더 가까워지는 방법을 찾고 싶어.

싸구려 시디를 사왔다며 막 쏘아붙인 점 미안해. 돈이 사랑을 의미하지는 않는다는 사실을 깜빡 잊었나 봐. 당신이 준 선물에 담긴 감성과 낭만, 그리고 당신이 쏟아 부은 시간과 노력을 몰라봐서 미안해.

여러모로 나를 기쁘게 해주려고 애쓰는 점 잘 알아. 평소에 고맙다는 말 자주 못해서 미안해. 당신에게 무시당한다고 느끼거나 기분이 언짢을 때마다 너무 당신을 몰아세운 거 사과할게.

사랑해. 앞으로 더 사랑할 수 있도록 노력할게. 선물을 주는 방식이 나와 다른 점 이해하려고 노력할게. 당신이 나를 사랑하지 않아서 그런 선물을 준다고는 생각하지 않을게. 당신 마음 잘 알아.

당신의 사랑스러운 아내 산드라가

연애편지를 쓰면서 산드라는 가슴 속의 응어리를 풀 수 있었고, 댄이 나름의 방식으로 아내를 기쁘게 해주려고 기울인 노력을 인정하기 시작했다.

연애편지를 쓴 뒤 댄과 산드라는 '이상적인 답신'을 써볼까 생각했다. 8장에서 설명했듯이 이상적인 답신이란 자신이 방금 작성한 연애편지에 대해 상대방으로부터 받고 싶은 답신이다. 그러나 두 사람은 연애편지를 작성한 뒤 마음이 한결 가벼워졌기 때문에 굳이 답신을 쓰지는 않기로 결정했다. 그리고 각자 작성한 연애편지를 상대방에게 보여줄 필요도 없다고 판단했다.

결혼기념일 선물에 관한 나쁜 감정을 털어버린 덕분에 댄과 산드라는 정서적 부담을 한결 덜어낸 채로 머니토크를 향해 다가갈 수 있었다.

'특급 대화'를 수행하기

댄의 소통 스타일은 대체로 '사고형'에 가까웠다. 그는 논리적으로 발언하고 충고하는 경향이 있다. 반면 산드라의 소통 스타일은 정서적인 방식으로 느낌을 공유하는 '감정형'이었다. 스타일이 워낙 판이했기 때문에 그들은 '특급 대화' 기법(8장을 참고)으로 머니토크의 워밍업을 하면 유익할 것이라고 생각했다. 그리고 대화 주제로는 직장에서의 업무 스트레스가 적당할 듯했다.

교사인 산드라가 먼저 입을 열었다. 그녀는 댄에게 자기 눈을 바라보면서 "힘들겠네" 같은, 공감의 의미가 담긴 리액션과 "그 부분은 참 좋아" 같은 긍정적 리액션을 해달라고 부탁했다.

산드라: 요즘 우리 학교 애들 때문에 미칠 지경이야. 교장은 전혀 도움이 안 되고!

댄: 상사에게 아무 도움도 못 받으면 정말 곤란한데. 나도 그런 애들 정말 자신 없어.

산드라: 맞아. 그런데 가장 말썽꾼인 프레디는 약간 발전의 기미가 보여. 녀석은 오늘 한 번도 말썽을 피우지 않았어.

댄: 당신은 정말 훌륭한 교사야. 그 녀석을 끝까지 포기하지 않았잖아.

이 짧은 대화가 끝난 뒤 산드라는 댄이 잘 해낸 점을 칭찬했다.

산드라: 당신은 내 눈을 바라봤고, "당신은 정말 훌륭한 교사야." "나도 그런 애들 정말 자신 없어."라면서 세심하게 반응해 줬어. 참 잘했어!

이번에는 댄의 차례였다. 그는 산드라가 이런저런 조언을 하지 말고 주로 들어줬으면 했다. 그러나 산드라가 어느 정도 타당한 반응을 보이면 그 부분은 인정할 생각이었다. 댄은 기업 임원으로서의 업무 스트레스를 이렇게 털어놨다.

댄: 정말 업무 때문에 돌아버릴 지경이야. 앤더슨이라는 부하직원이 골 칫덩어리야. 그 친구는 시키는 대로 하지 않아. 일부러 나를 괴롭히는 거 같아. 그냥 놔뒀다가는 이번 달 마감기한을 넘길 것 같아. 당장이라도 해고해 버리고 싶어. 아, 피곤해.

산드라: 정말 골치 아프겠네! 지금 당신은 최선을 다하고 있어.

댄: 내가 프로젝트를 제 시간에 끝내려고 얼마나 열심히 일하는지 모를 거야. 그런데 앤더슨은 너무 느려 터졌어! 일부러 꾸물거리는 것 같아.

산드라: 나 말이야, 요즘 윈윈 해법으로 갈등을 해결하는 방법에 관한 글을 읽고 있어. 당신과 앤더슨 공동의 목표가 무엇인지 알면 문제를 해

결할 길을 찾을 수 있을지 몰라.

평소 산드라는 "나라면 이렇게 할 거야."라거나 "좀 더 참아봐."라는 식으로 말하는 편이었지만, 이 상황에서는 훈계를 자제했다. 댄은 산드라에게 긍정적인 피드백만 제공했다.

> **댄:** 대체로 내 말을 잘 들어줬어. 덕분에 든든한 느낌이 들어. 잔소리를 하지 않았고, 내 잘못을 지적하지도 않았어. 고마워. 특히 갈등을 해소하는 윈윈 해법 같은 것도 말해줘서 좋았어. 내 말에 귀 기울여줘서 고마워.

이와 같은 긍정적인 마음가짐으로 댄과 산드라는 감정적 수위가 높은 주제로 넘어갈 준비를 갖췄다.

어떤 문제를 가지고 대화할 것인가

댄은 산드라의 낭비벽과 돈 관리에 서툰 점을 논의하고 싶었다. 아울러 휴가 때도 그런 식으로 행동할 가능성이 있는 점도 다루고 싶었다. 산드라는 댄의 인색함과 돈 걱정을, 그리고 그로 인해 모처럼만에 찾아온 부부만의 휴가를 망칠 가능성을 논의 주제로 삼고 싶었다. 결국 두 사람은 '휴가에 대한 두려움과 기대'라는 주제에 합의했다.

대화의 기본 원칙 합의하기

꽤 민감한 주제인 머니토크를 최대한 안전하게 진행하기 위해 댄과 산드라는 다음과 같은 기본 원칙에 합의했다.

- 상대방이 발언할 때 끼어들지 않는다.
- 자신의 감정을 더 솔직하게 털어놓을 수 있도록 서로 등을 맞대고 앉아 머니토크를 시작하고, 둘 중 한 사람이라도 시선을 맞추고 싶은 마음이 들면 돌아앉기로 한다. 머니토크가 끝날 무렵 긍정을 말하는 감정 달래기 도중에는 반드시 서로의 얼굴을 마주본다.
- 발언의 성격을 미리 선언하고, 상대방의 경청 의사를 묻는다.
- 길고 신랄한 비난을 피하고, 각 발언 시간을 대략 3분으로 제한한다.
- 자신의 발언이 끝났다고 생각되면 "끝."이라고 말한다.
- 일단 긍정적 워밍업부터 시작한다.
- 그 다음 유감, 상처, 분노 등을 털어놓는다. 그런 감정을 재빨리 효과적으로 떨쳐버리기 위해서다.
- 한쪽이 난감한 메시지나 감정적 메시지를 털어놓은 뒤에는 다른 쪽이 그 내용을 그대로 따라 말한다. 그렇게 상대방의 말을 재연한 뒤 그 비슷한 감정적 무게가 담긴 자신의 메시지를 상대방에게 전달한다.

- 끝으로 이번 휴가에 대해 각자 바라는 점을 두고 협상을 벌인다.
- 감정 달래기(서로에 대한 긍정적 인정)를 통해 머니토크를 마무리한다.
- 향후의 머니토크 날짜와 시간을 정한다.

산드라: 세금 내랴, 대금 결제하랴 늘 돈 문제 챙기느라 고생하는 점 고맙게 생각해. 그리고 당신은 아이들에게도 정말 좋은 아빠야.

댄: 당신 덕분에 아이들과 나는 정말 즐겁고 행복하게 사는 것 같아. 고마워.

이런 긍정적 감정을 바탕으로 댄과 산드라는 더 위험한 단계로 흔쾌히 뛰어들었다. 다만 초반부터 방어기제를 고심해서 다뤄야 했다.

오래된 아픔, 분노, 두려움 털어놓기

산드라: 여보, 당신에게 언짢은 점이 있는데, 들어줄 거야?

댄(변명하고 싶은 마음이 든다)**:** 아니. 아직 준비가 덜 됐어. 대신 내가 느끼는 두려움을 털어놓고 싶어. 들어줄래?

산드라는 댄이 우선 자기 마음부터 정리할 필요가 있다는 점을 이해했다. 그래서 다음과 같이 대답했다.

산드라: 응. 말해봐.

댄: 십중팔구 당신은 나의 인색함을 지적하려고 했겠지. 솔직히 그런 얘기 듣기 싫어. 변화를 바란다면 다른 얘기를 해봐! 끝.

그렇게 변명 대신에 속마음을 시원하게 털어놓으면서 방어기제에서 벗어난 댄은 흔쾌히 산드라의 말에 귀 기울이기 시작했다.

산드라: 낭비와 저축, 기피 성향과 염려 성향 문제를 차분하게 의논할 수 있었으면 좋겠어. 이 자리에서 해묵은 분노를 떨쳐버리고 싶어. 되도록 과거에서 빨리 벗어나고 싶어. 오래되고 끔찍하고 어두운 감정에 머물고 싶지 않아. 당신도 그렇겠지? 끝.

댄: 방금 당신이 한 말을 그대로 말해 볼게. 들어줄 거지?

산드라(흔쾌히)**:** 물론이지!

댄: 당신은 우리가 평소처럼 서로를 탓하기보다는 서로의 차이를 주제로 토론을 해보고 싶은 거지? 당신이 의도한 바대로 내가 당신 말을 경청했어?

산드라: 응. 내 말을 90퍼센트 정도 이해했어. 끝.

상대방의 감정을 확인하는 과정과 상대방이 내 생각을 얼마나 잘 이해했는지 피드백을 제공하는 과정의 중요성은 아무리 강조해도 지나치지 않다. 이 과정은 서로 친밀감을 조성하고 서로에 대한 긍정적 배려를 유도하는 데 도움이 된다.

댄: 평소 내가 걱정하는 점이 하나 있어. 들어줄래?

산드라: 응.

댄: 나는 당신이 다음에는 어디에 돈을 쓸까 걱정돼. 그렇게 걱정하면서 살기 싫어. 우리가 휴가를 떠나거나 새 가구를 구입하거나 아이들에게 새 물건을 사줄 형편이 되는지 걱정하기 싫어. 당신은 대공황으로 전 재산을 날린 할아버지를 두지 않았으니까 그 기분을 전혀 모를 거야. 낭비벽이 있는 당신과 살다 보니 늘 근심에 시달려. 정말 지긋지긋해! 끝.

평소 속내를 마음껏 드러내는 법이 없었던 댄에게 이런 식의 감정 표출은 새로운 경험이었다. 그는 새로운 지점까지 돌진할 수 있었고, 아내와의 갈등으로 인한 고통을 느끼며 가까스로 눈물을 참았다. 그가 흔들리는 모습을 보이자 산드라의 방어적 태도가 누그러졌고, 그녀는 화를 내거나 변명을 하지 않으면서 남편의 감정을 확인할 수 있었다.

산드라: 당신이 방금 한 말을 확인하고 싶어. 들어줄 수 있어?

댄: 그래.

산드라: 당신은 돈 걱정 때문에 엄청난 심적 부담을 느끼고 있어. 항상 무심코 돈을 흥청망청 쓰는 나 때문에 정말 괴로워하지. 당신은 우리 가

족 걱정을 하느라 힘들고, 내가 낭비하지 않기를 바라고 있어. 당신이 의

도한 바대로 내가 당신 말을 경청했어?

댄은 산드라가 자기 감정을 무척 잘 이해해 준 점에 감동했다.

댄: 피드백을 해줄게. 들어줄래?

산드라: 응.

댄: 당신은 내 말을 100퍼센트 이해했어. 끝.

댄: 긍정적인 느낌을 하나 털어놓고 싶어. 준비됐어?

산드라: 응.

댄: 내 말을 잘 이해해 줘서 얼마나 고마운지 몰라. 정말 한 치도 틀리지

않아. 정말 고마워. 끝.

그래도 댄은 아직 풀리지 않은 문제가 있어서 또 한 번 감정을

털어놓기로 한다.

댄: 마음에 걸리는 게 하나 더 있어. 들어줄 거지?

산드라: 물론이지.

댄: 우리 가족의 형편을 걱정하다 보니 늘 과로와 근심과 외로움에 시달

릴 수밖에 없어. 당신이 무리하지 않는 한도에서 내 짐을 좀 덜어줬으면

해. 끝.

이번에는 산드라가 자신의 해묵은 감정을 드러낼 차례였다.

산드라: 마음 아픈 점이 하나 있는데 들어줄 거지?

댄: 응.

산드라: 당신이 너무 걱정하고 과로하는 거 싫어. 나와 아이들과 더 많은 시간을 보냈으면 좋겠어. 그렇게 하면 나도 쓸데없이 상점을 돌아다니지는 않을 거야. 내가 볼 때 당신은 너무 부풀려서 걱정해. 당신의 근심은 끔찍했던 유년기의 산물 같아.

하긴 나도 이렇게 속삭이고 싶어. '산드라야, 너는 평소의 낭비벽에 경각심을 더 가져야 하고, 함께 있어 주지 않는 댄에게 복수하려고 돈을 낭비하지는 말아야 해. 그건 바람직한 삶의 태도가 아냐! 어른답게 처신하고, 네가 진심으로 원하는 것, 함께 더 많은 시간을 보내기 원한다고 댄에게 말해 보렴!' 그리고 당신은 과로하지 말라는 내 말에 귀 기울였으면 좋겠어. 당신이 일을 줄이면 나도 지출을 줄일 것이고, 우리는 더 사랑하며 살게 될 거야.

당신이 내 말을 귀담아듣지 않겠다면 나도 계속 낭비할 테고 당신을 영원히 괴롭히겠지. 가족과의 소중한 시간을 마련하는 법은 그나마 내가 노하우를 갖고 있고, 당신은 이 부분에서 내 조언을 받아들일 필요가 있어. 끝.

다시 댄의 차례가 돌아왔다.

댄: 방금 당신이 한 말을 확인해 볼게. 들어볼래?

산드라: 응.

댄: 당신은 내가 힘겹고 끔찍했던 유년기를 겪었기 때문에 지금 너무 걱정이 심하고 일도 너무 많이 한다고 생각해. 당신은 내가 일을 줄이고 당신과 아이들과 함께 보내는 시간, 그리고 당신과 나 단둘이 지내는 시간을 늘리기를 바라고 있어. 내가 그렇게 하면 당신은 씀씀이를 줄일 거야. 당신이 의도한 바대로 내가 당신 말을 경청했어?

산드라: 피드백을 해줄 테니 들어볼래?

댄: 응.

산드라: 내 말을 98퍼센트 이해했군. 끝.

현재의 문제로 이동하기

서로의 감정을 경청하고 재연하기만 했는데도 산드라와 댄은 다가올 휴가에 대한 각자의 우려를 해결할 수 있겠다는 기대감이 훨씬 더 커졌다.

산드라: 당신에게 말하고 싶은 걱정거리가 하나 있어. 들어줄래?

댄: 물론이지.

산드라: 이번 휴가에 내가 얼마를 쓰는지 일일이 감시하지 않았으면 좋겠어. 좀 편하게 생각해 주면 좋겠어. 내가 흥청망청 쓸 거라고 생각하지는 마. 끝.

댄: 나도 걱정거리가 있어. 들어줄 거지?

산드라: 그래 말해봐.

댄: 나도 이번 휴가 때 당신이 불필요한 물건을 많이 살까 봐 걱정하기 싫어. 한도를 정해 얼마까지만 쓰겠다고 약속하면 걱정하지 않을 수 있어. 적어도 당분간은 말이야. 그러나 아무래도 당신은 한도를 너무 높게 잡을 거 같아. 끝.

다시 서로의 감정을 확인할 차례였다.

산드라: 당신이 방금 한 말을 확인하고 싶어. 들어줄래?

댄: 응.

산드라: 당신은 이번 휴가 때 내가 얼마까지만 쓰겠다고 약속하지 않으면 평소처럼 마음대로 돈을 쓸 것 같아서 걱정할 수밖에 없다고 생각하고 있어. 당신은 내가 적절한 수준의 지출 한도를 정해서 알려주기를 바라고 있어. 그래야 안심할 수 있거든. 당신이 의도한 바대로 내가 당신 말을 경청했어?

댄(자기 말을 제대로 알아들은 점에 기뻐하며)**:** 그래. 95퍼센트 이해했어. 끝.

일단 두 사람이 이런 과정에 익숙해지면 경우에 따라 상대방의 양해를 구하는 단계를 생략하고 곧장 피드백을 제공해도 무방하다. 하지만 상처, 분노, 두려움 같은 격한 감정을 털어놓을 때는 반드시 미리 상대방의 양해를 구하고 의사소통의 성격을 밝혀야 한다.

이어서 댄은 산드라의 감정을 확인하려고 했다.

댄: 이번 휴가 때 내가 당신의 씀씀이를 일일이 감시할까 봐 당신은 걱정하고 있어. 그리고 내가 당신을 믿어주기를, 그냥 놔두기를 바라고 있어. 당신은 휴가 기념품을 사고 싶어 하고, 내가 그런 마음을 이해하든 못하든 당신의 소비를 받아들여야 한다고 생각해. 당신이 의도한 바대로 내가 당신 말을 경청했어?

산드라: 90퍼센트 정도는 이해했네. 좀 더 부드러운 목소리로 말해줬으면 나머지 10퍼센트도 채웠을 텐데. 끝.

이제 댄과 산드라 모두 다가올 휴가에서의 구체적인 지출 방식을 협상할 준비가 되었다는 생각이 들었다.

문제의 쟁점에 대해 협상하기

산드라: 당신과 협상하고 싶은 점이 하나 있는데 들어볼래?

댄: 응.

산드라: 이번 휴가에서 기념품을 살 때 당신 돈 10만 원과 내 돈 10만 원만 쓸게. 그러니까 내가 사는 기념품에 대해 이러쿵저러쿵하지 말았으면 좋겠어. 불만이 있더라도 좀 참아줬으면 해. 끝.

댄: 나도 하나 말해 볼게. 들어줄 거지?

돈 문제에 관해 합의하면 두 사람의 성취감이 고조된다

산드라: 응.

댄: 기념품을 사도 나무라지 않고 너그럽게 봐줄게. 그런데 내 돈은 7만 원만 썼으면 좋겠어. 물론 당신 돈도 7만 원만 썼으면 좋겠지만 그건 당신이 결정할 문제겠지. 끝.

산드라: 아, 지금 약간 화가 나. 내 말 들어줄래?

댄: 물론이야.

산드라: 내가 쓸 액수를 당신이 정해줄 때면 나는 마치 문제아가 된 기분이 들어. 정말 지겨워! 그런데 내 잘못도 있는 거 같아. 내게 이렇게 말해주고 싶어. '산드라, 네 스스로 한도를 정하면 남편이 굳이 정해줄 필요 없잖아! 제발 어른답게 행동해!' 끝.

자기 속내를 그대로 드러낸 산드라는 다시 협상 테이블로 돌아왔다.

산드라: 여보, 내 말 계속 들어줄래?

댄: 응.

산드라: 당신이 좀 전에 내놓은 제안을 받아들일게. 끝.

댄과 산드라는 머니토크를 무사히 마친 점에 만족했다. 실제로 그들은 몇 가지 진전을 이뤘다. 한층 공평한 의사소통에 성공했고, 서로를 더 깊이 이해하게 되었고, 다소 긍정적인 태도를 취할 수 있었다.

감사의 표시와 감정 달래기

댄: 내 말을 정말 잘 들어주고 지출 한도를 확실히 정해줘서 고마워. 사실 그렇게 하기 힘든 거 잘 알아. 당신이 그렇게 해줘서 내가 얼마나 고마운지 말해주고 싶어. 그리고 앞으로 일하는 시간을 줄이고 당신과 아이들과 함께 더 많은 시간을 보낼 생각이야. 정말 그렇게 하고 싶어.

산드라: 나도 당신이 내 말을 아주 세심하게 들어줘서 고마워. 당신이 마음을 열어주니까 예전보다 당신이 더 편안하고 가깝게 느껴졌어. 그간 내 낭비벽을 걱정하느라 힘들었지? 미안해. 앞으로 더 신중하게 쓰도록 할게. 그리고 돈 관리 문제를 더 자주 얘기할게.

다음의 머니토크 시간 정하기

댄과 산드라는 휴가가 끝나고 일주일 뒤에 다시 머니토크를 통해 돈 씀씀이와 돈에 얽힌 의사소통 관점에서 휴가가 어떤 의미가 있었는지 점검하기로 합의했다. 둘 다 민감한 금전적 문제를 얘기하는 새로운 방식에 매우 만족했다.

| 서로를 위해 이것만은 지킬 것

감정적 수위가 높은 주제에 관해서 형식을 갖춘 머니토크를 수행할 때는 다음과 같은 핵심 사항을 명심해야 한다.

스트레스 받지 않을 때를 골라라. 머니토크는 스트레스를 많이 받지 않을 때 시행하는 것이 좋다. 예를 들어 아이들이 주변에 있을 때나 납세 기한이 다가올 때나 중요한 재정적 결정을 해야 할 때는 머니토크를 삼가야 한다. 부적절한 때를 선택하면 아마 그로 인한 피로와 스트레스 때문에 기존의 나쁜 습관이 되살아나고 말 것이다. 형식을 갖춘 의사소통 방법은 그런 악영향을 억제하는 데 도움이 될 것이다. 하지만 형식을 갖춘 의사소통은 만병통치약이 아니라 유익한 지침일 뿐이다. 머니토크에 대비하는 최고의 방법은 편안하고 여유로운 마음가짐을 갖는 것이다.

주제를 미리 정하라. 아직 토론 주제를 정하지 않았으면 7장으로 돌아가서 함께 해결하고자 하는, 돈에 얽힌 만성적 갈등이나 양극화 패턴 한두 개를 골라라. 주제를 선정할 때는 서서히 드러나는 감정에 세심한 주의를 기울여라. 그런 감정은 머니토크 초반부에 서로 공유할 필요가 있다. 두 사람이 고른 주제가 서로 다르면 어느 주제를 먼저 논의할지 제비뽑기로 순서를 정하면 된다. 앞서 배운 여러 기법을 활용하면 두 개의 주제 모두 형식을 갖춘 머니토크를 통해 효과적으로 논의할 수 있을 것이다.

마음속의 상처가 있을 경우 '연애편지'를 활용하라. 토론 주제와 관련해 감정적 상처나 분노가 아직 남아 있으면 그것을 내용으로 하는 연애편지를 써라. 아울러 연애편지를 보낸 뒤 받고 싶은 이상적인 답신을 작성해 보는 것도 좋다. 다만 둘 중 한 사람이라도 연애편지의 내용을 상대방에게 보여줄 필요가 없다고 판단한다면 그냥 다음 단계로 넘어가도 무방하다.

의사소통이 어려울 경우 '특급 대화'를 활용하라. 평소 배우자와의 대화에서 실망감을 느낄 때가 많다면, 그리고 당신의 말을 배우자가 잘 들어주지 않는 편이라고 생각한다면 긍정만을 이야기하는 '특급 대화' 기법을 구사해 보라. 그러면 배우자는 대화를 통해 당신이 무엇을 원하는지, 당신에게 무엇이 필요한지 깨닫게 될 것이다. 반대로 당신도 배우자가 원하는 바를 파악할 수 있을 것이다.

확실한 기본 원칙을 정하라. 10장에서 댄과 산드라가 써먹었던 기본 원칙을 따라해도 좋다. 또는 8장에서 살펴본 지침으로 돌아가 어느 쪽이 두 사람에게 가장 적합한지 판단해도 된다.

머니토크의 순서를 지켜서 실행하라. 일반적으로 다음과 같은 순서가 효과적이다.

- 긍정적 평가를 동반한 워밍업
- 해묵은 앙금, 상처, 분노 등을 털어놓기
- 배우자의 감정을 확인한 뒤 자신의 감정적 반응으로 넘어가기
- 앞으로의 변화를 위해 협상하기
- 서로의 노력을 긍정적으로 평가하는 감정 달래기

앞서 언급했듯이 이렇게 일목요연한 과정의 대화를 시도하기란 쉽

지 않다. 하지만 시도해 본다면 후회하지 않을 만큼의 효과를 느낄 것이다. 좀 더 간단한 형식을 원하는 사람에게는 하빌 헨드릭스의 거울 기법을 권하고 싶다. 안정감을 조성하고 친밀감을 높일 수 있는 방법일 것이다. 둘 다 시도해 본 뒤 자신에게 더 적합한 것을 선택하면 된다.

감정적인 주제를 다루다 보면 오해가 쌓이거나 승패가 갈리는 논쟁으로 이어질 때가 많고, 때로는 서로에 대한 비난과 감정의 폭발로 비화되는 경우도 있다. 형식을 갖춘 머니토크 기법을 구사하면 난감한 감정에 대처할 수 있는 안전선을 발견하고, 그런 감정을 적절히 해소할 수 있는 과정을 경험할 것이다.

11장

나만의 목표와 우리의 목표

서로 다른 꿈을 꾸면서도 조화롭게 사는 법

이제 머니 하모니로 가는 여정의 마지막 단계인 결실 있는 목표 설정 기법을 배워 보자. 목표 설정은 혼자 하는 경우와 두 사람이 함께 하는 경우로 나눌 수 있는데, 우선 혼자 하는 목표 설정 과정을 살펴보고 나서 배우자와 함께 하는 목표 설정으로 넘어가겠다.

"우리는 서로 다른 것을 원하잖아? 공동의 목표는 절대로 정할 수 없을 거야!"라고 생각할 수도 있다. 공동의 목표 설정을 연상하기만 해도 긴장되고 화가 난다면 갈등 해소 분야의 전문가들이 하는 조언을 참고할 필요가 있다. "사람들은 서로 다른 목표를 가질 수 있다. 하지만 대개는 그 목표가 정반대로 가지는 않는다."[23] 진정으로 원하는 바를 서로에게 털어놓으면 두 사람 모두에게 효과적인 해법을 도출할 수 있다. 처음에는 얼핏 상반되는 듯한 목표도 나중에는 상호배타적이지 않은 것으로 드러나는 경우가 많다.

자신감을 가져라! 11장의 내용을 바탕으로 중요한 삶의 목표를 설정하기 위해 노력한다면 자신의 목표와 배우자의 목표를 조화시키는 데 필요한 방법을 찾을 수 있다.

| 자신의 꿈을 향한 목표 설정

배우자와 함께 개인적 목표와 공동의 목표를 논의하는 단계를 밟기 전에 일단 독자적인 목표 설정 방식을 배우는 것이 좋다. 혹시 당신은 앞으로 어떤 일을 하고 싶은지, 어떤 사람이 되고 싶은지 말해줄 수 있는가? 구체적인 계획이 있는가? 아니면 단지 꿈만 꾸고 있는가? 가까운 장래에 초점을 맞추고 있는가? 또는 몇 년 뒤나 한참 뒤를 바라보고 있는가? 아니면 아예 목표가 없는가?

만일 목표가 여럿 있다면 앞으로 오랫동안 간직할 목표와 비교적 유동적인 목표, 혼자만 개입될 목표와 배우자나 가족도 개입될 목표를 구분해야 한다. 그리고 비교적 돈이 많이 들어갈 목표를 파악하고, 끝으로 각 목표를 달성하는 데 필요한 재정적 수단과 그 밖의 수단을 결정해야 한다.

당신이 원하는 바를 마음속에 그려라

자신의 꿈을 쉽게 묘사할 수 있는가? 그 꿈을 이루는 방법을 쉽게 설명할 수 있는가? 어떤 사람들은 자기 꿈을 상상하기를 좋아한다. 한편 지나친 상상 때문에 정작 현실에서는 꿈을 이루는 데 소홀한 사람들도 있다.

또 어떤 사람들은 자기가 바라는 것을 상상하기를 꺼린다. 그들은 다음과 같은 미신적 비관론을 고수한다. "어떤 것을 지나치게 바라면 그것을 이루지 못했을 때 좌절한다. 차라리 아예 바라지 않는 편이 낫다." 당신이 여기에 해당한다면 과감히 두려움을 극복하고 자신이 진정으로 원하는 바를 그려낼 수 있도록 가능성을 열어야 한다. 어떤 식으로든 자신의 꿈을 떠올리거나 상상할 수 없다면 그것은 무척 이루기 힘든 일이 되고 말 것이다.

그러므로 비교적 느긋하고 편안할 때 잠시 시간을 내어 미래에 이루고 싶은 꿈의 모습, 느낌, 소리 등을 떠올려보라. 배우자와 함께 프랑스 파리로 여행을 떠나고 싶은가? 피아노를 배우고 싶은가? 대학원에 가고 싶은가? 새로운 직업을 갖기 위한 훈련을 받고 싶은가? 아니면 컴퓨터 기술을 더 깊이 있게 배우고 싶은가? 어떤 것이든 간에 마음껏, 그리고 무엇보다도 간절히 그것을 원하라. 그러면 그것을 이룰 수 있는 길이 열릴 것이다.

생각을 정리하는 차원에서 다음과 같이 목표를 시기적으로 구분해도 좋다.

- 단기 목표: 지금부터 1년 안에 이루고 싶은 목표
- 중기 목표: 최소한 1년에서 5년 사이에 이루고 싶은 목표
- 장기 목표: 5년 이후에 이루고 싶은 목표

그러나 반드시 이렇게 구분할 필요는 없다. 각자의 사정에 맞춰 구분하면 된다. 다만 배우자의 동의 여부를 고려해야 한다.

목표를 정하기가 어려운가? 그렇다면 다음 활동을 시도해 보자.

가상의 자서전을 집필하라

당신이 세상을 떠났다고 가정하고, 위키피디아(또는 네이버 인물사전)에

당신에 관해 과연 어떤 내용이 실릴지 되도록 아주 상세하게 생각해 보라. 당신이 평생 동안 이루고 싶었던 모든 꿈을 상세히 적어라. 이 활동은 당신이 가장 누리고 싶어 하는 삶을 분명하게 드러내는, 놀라운 효과가 있다.

목표를 떠올리면 자연스럽게 나오는 당신의 성향에 주목하라

당신은 주로 단기적인 목표를 선호하는가? 예를 들어 당신은 앞으로 한두 달 안에 배우자와 함께 아침식사가 제공되는 낭만적인 휴가를 떠나거나 아이들에게 선물을 사주거나 직장에서 어떤 성과를 올리는 장면을 상상해 볼 수 있다.

아니면 좀 더 먼 미래를 떠올리는가? 아이들을 6개월간의 장기 캠프에 보낼 생각인가? 자녀의 대학 학비를 위해 다음 달 상여금을 저축할 계획인가? 지금 타는 차를 올해 안으로 바꾸고 싶은가?

이보다 더 장기적인 목표를 고려할 수도 있다. 앞으로 3년에서 5년 안에 직업을 바꿀 예정인가? 앞으로 7년에서 10년 사이에 자녀들이 대학을 졸업하면 이사를 할 생각인가? 앞으로 10년에서 15년 사이에 은퇴할 작정인가?

평소의 자기 성향과 일치하지 않는 목표에 주목하라. 예를 들어 주로 단기적인 목표를 세우는 경향이 있는 사람은 장기적인 목표를 몇 가지 세우기 바란다. 아울러 평소 별로 관심을 두지 않았던 유형의 목표도 고민해 보기 바란다. 평소 직업 관련 목표에 집중하는 편이라면 취미나 휴가와 관련한 목표를 몇 가지 생각해 보기 바란다. 평소 자신이 불분명한 목표를 선호하는지 상세한 목표를 좋아하는지 확인하라. 어느 쪽이든 간에 평소 선호하는 목표와 반대 유형의 목표를 같이 고려할 수 있다면 융통성 있게 대처할 수 있다.

목표 리스트를 만들고 검토할 때 각 목표에 대해 반드시 다음 사항을 결정하라.

- 나는 이 목표를 얼마나 빨리 달성하고 싶은가?
- 이것을 달성하는 데 돈이 필요할까?
- 그렇다면 얼마나 많은 돈이 들까?
- 이 목표 달성에 필요한 돈을 어떻게 확보할 수 있을까?

목표 리스트는 여러 번 써본다

목표 리스트는 최소한 세 번 작성하라. 목표 리스트는 일주일에 한 번, 격주에 한 번, 한 달에 한 번 새로 작성할 수 있다. 새로운 리스트를 만들 때는 이전의 목록을 참고하지 않는다. 관건은 잇달아 떠오르는 목표에 주목하는 것이다.

새로운 목표가 떠오를 때도 그 목표를 얼마나 빨리 달성하고 싶은지, 그것을 달성하는 데 돈이 들지, 얼마나 들지, 그 돈을 어떻게 마련할지 등을 구체적으로 명기하라.

이렇게 여유를 갖고 목표 리스트를 최소한 세 번 작성하면 주마다 달마다 바뀌기 마련인 충동적인 환상과는 다른, 한결 믿음직스럽고 충실한 목표를 세울 수 있다.

목표 달성을 미루는 이유

평소 꾸물거리는 경향이 있는가? 일이 너무 잘되면 불안한가? 부모에 비해 더 많은 즐거움을 느끼거나 더 높은 수준의 학력을 쌓거나 더 많은 재산을 갖는 상황이 거북한가? 이 경우라면 부모와의 가상 대화를 작성해 보면 돌파구가 될 수 있다. 아마 가상 대화에 등장한 당신의 부모는 어떤 면으로든 당신이 더 뛰어나도 괜찮다고 말할 것이다. 이런 가상 대화가 당신의 목표 달성을 가로막는 기존의 패턴을 바꾸는 데 도움이 되는지 확인해 보라.

기존의 익숙한 고통보다 새롭게 경험하는 즐거움을 더 두려워하는 사람들이 많다. 왜냐하면 새로운 즐거움은 아직 경험해 보지 못한 영역으로 우리를 몰고 가는 것 같이 느껴지는 반면, 기존의 익숙한 고통은 오래 신은 구두처럼 편안하기 때문이다. 우리 모두 각자의 해묵은 고통을 떨쳐냄으로써 새로운 즐거움을 받아들이도록 노력할 필요가 있다. 설령 그 해묵은 고통이 너무나 친근하더라도 말이다.

배우자와 상의하기 전에 목표를 한 번 더 살펴라

목표 리스트를 최종적으로 점검하고, 각 목표의 우선순위를 다음과 같이 정하라.

- 자신에게 가장 중요한 목표, 달성하지 못하면 엄청나게 좌절할 만한 목표에 숫자 1을 표시하라.
- 이뤘으면 무척 좋겠지만 설령 이루지 못해도 크게 낙담할 정도는 아닌 목표에 숫자 2를 표시하라.
- 상황에 따라 가장 쉽게 포기할 수 있는 목표에 숫자 3을 표시하라.

이 작업은 당신이 설정한 목표의 대부분이나 모두를 달성할 수 없다는 뜻이 아니다. 다만 목록에 포함된 여러 목표 중 어떤 목표를 가장 중시하는지 분명히 하라는 것이다.

리스트에 포함된 각 목표가 당신의 재정 생활에서 어떤 의미를 지니는지 고민해 보기 바란다. 목표를 달성하려면 돈이 들까? 얼마나 들까? 목표 달성에 필요한 돈을 어떻게 벌고, 모으고, 구할 수 있을까? 만일 당신이 설계자가 아니라 몽상가라면 이런 질문에 답하기가 어려울 것이다. 그러나 평소의 애매한 태도에서 벗어나 구체적으로 접근해 '습관을 벗어난 행동'을 연습하면 틀림없이 목표에 더 가까이 다가갈 수 있을 것이다.

중립지대에서 만나기

| 자신이 설정한 목표를 배우자와 공유하기

당신과 배우자가 각자의 목표 리스트(혼자만 개입될 목표와 배우자나 가족도 개입될 목표)를 작성한 뒤에는 한자리에 모여 그 결과를 공유해야 한다.

이때 두 사람은 등을 맞대고 앉아 형식을 갖춘 머니토크에 따라 상대방의 경청 의사를 묻고 자신의 의사를 전달하면서 서로의 목표에 관한 소통을 해도 좋다. 또는 편안한 마음으로 서로의 얼굴을 마주보면서 거울 기법을 구사하며 의사소통을 해도 된다.

당신이 목표를 털어놓고 나서 상대방이 당혹감을 느낀다면 형식을 갖춘 머니토크 기법이나 거울 기법에 돌입하고, 그런 감정에 대해 서로 대화를 나눠야 한다(물론 상대방이 기꺼이 들으려고 할 때). 각자가 원하는 바가 무엇인지, 그리고 상대방이 당신의 목표에 대해 어떻게 생각하는지 확인하라.

당신과 배우자의 목표는 서로 다를 수 있다. 그러나 두 사람 모두가 서로의 가슴 깊이 간직한 갈망을 채울 수 있도록 방법을 찾고 함께 노력하는 한 공동의 목표를 가질 수 있다는 점을 명심하기 바란다. 서로 목표가 달라도 머뭇거리지 마라. 두 사람 모두에게 효과가 있는 해법을 찾기까지는 시간이 필요한 법이다. 혹시 설계자인 마크와 몽상가인 케이트 부부가 생각나는가? 그들이 심리치료를 처음 시작했을 때 마크는 정서장애 아이들을 가르치고 싶어 했다. 당시 석사학위 논문을 쓰는 중이었던 케이트는 남편이 자기 꿈만 좇을 경우 딸의 대학 뒷바라지를 어떻게 할지 걱정했다. 다행히 설계자인 케이트는 외국 생활을 꿈꾸고 있었고, 몽상가인 마크는 직업을 바꾸기 위한 상세한 계획을 짜는 중이었다. 서로 역할을 바꾸는 과제를 통해 '몇 년 동안의 외국 생활'이라는 공동의 꿈과 계획을 발견했다. 그렇게 외국에서 생활하며 케이트는 석사 학위를 마쳤고, 마크는 평소 꿈꾸던 분야의 직업을 시도하면서 딸의 뒷바라지도 무탈하게 해냈다.

마지막 단계는 당신의 목표 리스트와 배우자의 목표 리스트를 통합하는 것이다. 즉 공동의 목표 리스트 1개와 각자의 개인적 목표 리스트 1개씩을 갖는 것이다. 이들 목록에 담긴 최종 목표는 대부분 두 사람 모두가 진심으로 바라는 것이어야 한다. 그 꿈을 이루기까지 얼마나 많은 돈이 필요할지 명심하고, 꿈을 이루기 위한 방법을 함께 고민하라. 모든 목표를 이루기가 어려울 듯이 보인다면 그중에서 최소한 몇 가지를 우선시할지 대안을 논의하라.

| 유사시에 눈높이 낮추기

금전적 어려움이 닥치거나 그 밖의 예상치 못한 문제로 목표를 낮게 잡거나 미뤄야 하는 상황이 올 수도 있다. 심각한 부상이나 질병, 실직, 또는 연로한 부모를 부양할 상황 때문에 목표 달성에 심각한 타격이 올 수 있다. 다음 절차는 그런 난감한 상황에 따른 스트레스에 대처하는 데 도움이 된다.

- 서로 등을 맞대고 앉아 형식을 갖춘 커뮤니케이션을 시도하라. 또는 얼굴을 마주보고 거울 기법을 쓸 수도 있다.
- 특정 목표를 연기해야 하는 상황 때문에 느끼는 상실감, 아픔, 실망감, 당혹감 등을 서로에게 털어놓아라.
- 그 안타까운 상황 변화에 대한 각자의 감정을 보여주거나 상대의 감정을 확인하라.
- 혼자 또는 두 사람이 함께 용기를 북돋을 수 있는 방법을 모색하라. 단 돈이 아주 적게 들거나 아예 들지 않는 방법이어야 한다. 어떤 활동에서 즐거움을 느끼는지 사람들에게 물어보면 대개는 돈이 아주 적게 들거나 아예 안 드는 활동을 꼽는다.
- 비록 당장은 규모가 줄어들거나 연기되었지만 어떻게 해야 원래의 목표를 달성할 수 있을지 의논하라. 또는 달성 가능성을 높이는 차원에서 목표를 수정하라.

돌발적인 상황 변화로 목표 달성이 어려워질 때는 다음과 같이 생각하라. '이 또한 지나가리라.' 고난의 시기도 끝은 있다. 비록 지금은 힘들지만 언젠가는 기쁨과 보람의 시간이 찾아올 것이다. 이렇게 마음을 다지면 지금의 난관을 극복하고 긍정적 태도와 행동으로 옮겨가는 데 보탬이 될 것이다.

| 마지막 '머니 하모니' 과제

부디 지금까지 이 책을 읽은 당신과 배우자가 이 마지막 과제를 편안한 마음으로 할 수 있었으면 좋겠다.

잠시 시간을 내어 배우자와 함께 두 사람이 머니 하모니에 도달했다고 상상해 보기 바란다. 다시 말해 한 개인으로서, 그리고 부부로 살면서 금전 문제를 아주 편안한 마음으로 바라보는 상태가 된다면 어떨지 생각해 보라. 눈을 감고 숨을 깊이 쉬면서, 그 만족감과 평온함의 상태가 과연 어떤 느낌이고 어떤 모습일지 상상해 보라.

그런 다음 머니 하모니에 다가가기 위해 당장 어떤 조치를 취해야 할지 자문하라. 생각해 낸 조치 중에 적어도 하나를 택해 행동에 옮길 마음이 있는지 확인하라. 만일 실제로 행동에 옮겼다면 자신에게 보상을 제공하고, 그때의 느낌에 귀 기울여라.

| 돈은 인생의 장애물이 아니다

지금까지 자아인식을 높이고 어긋난 금전적 태도와 행위를 바꾸기 위해 애쓴 당신에게 축하의 인사를 전하고 싶다. 당신이 이미 깨달았듯이 돈은 사랑, 힘, 행복, 자존심, 안전 따위가 아니다(심지어 노후의 안전도 돈이 전부가 아니다). 돈은 당신 삶의 몇 가지 목표를 이루기 위한 수단일

머니 하모니를 이룬 가족에게 돈은 걸림돌이 아니다

뿐이다.

　이제 당신은 서로 다른 경제관념을 존중하는 분위기에서 배우자와 창의적으로 의사소통할 수 있는 기법을 터득했을 것이다. 자신의 장점뿐 아니라 배우자의 장점까지 확인하는 요령, 중립지대로 나아가는 요령, 상대방의 입장에서 바라보는 요령도 배웠다.

　이제 더 이상 돈은 당신 삶의 긴장 요인이나 장애물이 아닐 것이다. 앞으로 당신은 성취감과 친밀감을 높이기 위해 돈을 쓸 것이고, 머니 하모니에 더욱 다가설 것이다.

　모쪼록 멋진 여정이 되기를 기원한다.

1. 「부에 관한 독자들의 반응Readers on Wealth」이라는 제목의 이 기사는《더 선The Sun》1989년 4월호에 게재됐다. 경제적 부와 깊은 성취감에서 비롯 되는 진정한 부(충만한 느낌을 주는) 사이에는 연관성이 없다는 내용의 편지가 그토록 많다는 점은 실로 충격적이었다.

2. 워렌 패럴은 이와 같은 생각을 『남자가 남자처럼 행동하는 이유: 남녀 간 역학관계Why Men Are the Way They Are: The Male-Female Dynamics』에서 밝히고 있다. 패럴은 여러 해 전부터 우리 문화에서 엿보이는 힘과 무력감의 다양 한 측면을 탐구해 왔다. 그는 남성과 여성 모두가 해당 상황의 책임을 상대 방에게 전가하지 않고 각자의 무력감에 대처함으로써 남녀 모두 서로에게 힘을 행사하는 대신 자기 삶에 대한 통제력을 확보할 수 있도록 돕고 있다.

3. 데이비드 커시David Keirsey와 메릴린 베이츠Marilyn Bates, 『성격을 읽는 심 리학Please Understand Me: Character and Temperament Types』. 이 통계는 MBTI 전 문가들이 쓴 여러 책에 실려 있다. 일부 저자들은 10명 중 6명보다는 3분의 2에 더 가깝다고 말한다. 즉 남자들의 3분의 2가 사고형이고, 여자들의 3분 의 2가 감정형이라는 의미다.

4. 의사결정 방식에 관한 이 분류법은 오토 크뢰거Otto Kroeger와 재닛 M. 튜 슨Janet M. Thuesen이 함께 쓴『삶과 사랑과 일을 결정하는 16가지 성격 유형Type Talk: The 16 Personality Types That Determine How We Live, Love, and Work』 에 등장한다.

5. 데보라 태넌은 이밖에도 성별에 따른 여러 가지 차이점을 『서로 이해할 수 없는 남녀의 대화』의 6장에서 논의하고 있다.

6. 파이낸셜 피네스의 리즈 데이비슨Liz Davidson, 「상담자들이 '여성들에 대

한 전쟁'을 종식시킬 수 있는 방법How Advisors Can End the Real 'War Against Women'」, 어드바이저원 닷컴AdvisorOne.com, 2012년 6월 28일.

7. 이런 차이들이 드러나는 방식에 대한 논의는 『서로 이해할 수 없는 남녀의 대화』를 참고하라.

8. 존 그레이, 『화성에서 온 남자 금성에서 온 여자』

9. 제임스 J. 그린, 「여성은 틈새가 아니라 기회이다: 슈왑의 클라크Women are an Opportunity, Not a Niche: Schwab's Clark」, 어드바이저원 닷컴, 2012년 7월 2일.

10. 로렌 웨버Lauren Weber와 수 셸렌바거Sue Shellenbarger, 「사무실 스트레스: 남자 대 여자」, 《월스트리트 저널The Wall Street Journal》, 2013년 3월 4일.

11. 도널드 카츠Donald Katz는 여성들이 "통제력 행사자로서 돈을 사용하는 데 불편함을 많이 느낄 것이다."라고 생각한다. 「남자, 여자, 그리고 돈: 마지막 금기Men, Women, and Money: The Last Taboo」, 《워스Worth》, 1993년 6월호.

12. 카츠는 "이혼남의 생활 수준은 40퍼센트 올라가는 경향이 있는 반면, 이혼녀의 수입은 평균 70퍼센트 줄어든다."라는 점도 지적한다.

13. 「여성과 금전적 독립Women and Financial Independence」, 슈왑 어드바이저 서비시즈, 2012년. 제임스 J. 그린, 「충격! 고자산가 여성은 본인이 고용한 상담사의 투자 성과를 원한다Surprise! HNW Women Want Investment Performance From Their Advisors」, 어드바이저원 닷컴, 2012년 6월 29일.

14. 수잔 와이드먼 스나이더Susan Weidman Schneider, 「유대인 여성들의 자선활동: 당신이 알아야 할 것Jewish Women's Philanthropy: What Do We Need to Know?」, 《릴리스》, 1993년 겨울호.

15. 웨버와 셸렌바거, 10번과 같음.

16. 클리퍼드 I. 노테리어스와 하워드 J. 마크먼의 「결혼 생활에서 갈등 표출 조절하기: 분노를 관리하는 건설적 전략과 파괴적 전략Controlling the Fires of Marital Conflict: Constructive and Destructive Strategies to Manage Anger」, 메릴랜드 심리학회/심리학 재단 1990~1991년 박사 과정 취득 후의 협회 워크숍, 1990년 12월 7일, 메릴랜드 주 컬럼비아.

17. 빅토리아 펠튼콜린스Victoria Felton-Collins는 수잔 블레어 브라운Susanne Blair Brown과 함께 쓴 책 『커플과 돈: 돈이 사랑에 방해가 되는 이유와 그 해법Couples and Money: Why Money Interferes with Love and What to Do About It』에서 이 용어를 쓰고 있다.

18. 올리비아 멜란은 커플 의사소통 기법을 개발하는 과정에서 몇몇 전문가들에게 영향을 받았다. 워싱턴 시에서 활동하는 임상심리학자 아이자야 짐머만은 이른바 '형식을 갖춘' 체계적인 의사소통 기법을 창안했고, 멜란은 커플을 대상으로 하는 심리치료에서 그것을 활용하고 수정해 왔다. 워싱턴 윤리학회에 기고한 글 「사랑이 실패하는 이유Why Love Fails」에서 돈 몬타냐Don Montagna 학회장은 인간관계에서의 권한 다툼을 개괄적으로 설명하고, 이른바 '무결점 사랑'을 제시한다. 그의 개념적 견해는 멜란과 무척 흡사하다. 토머스 고든Thomas Gordon은 자신의 책 『부모 역할 훈련P. E. T. Parent Effectiveness Training』에서 힐책과 비난을 최소화하는 커뮤니케이션, '나 전달법'의 중요성을 강조한다. 릴리안 루빈Lillian Rubin, 데보라 태넌, 존 그레이, 워렌 패럴 등은 남녀 차이에 관한 여러 가지 흥미롭고 중요한 얘깃거리를 갖고 있다. 또 존 그레이와 하빌 헨드릭스는 요긴한 커플 심리치료 기법을 개발해 왔다. 헨드릭스가 커플 관계를 바라보는 관점은 올리비아와 무척 비슷하다. 헨드릭스와 올리비아는 커플이 각자 스스로의 치유에 필요한 작업을 수행하는 동시에, 과거의 심리적 상처를 치료하는 데 장기적으로 서로 도움을 줄 수 있다고 생각한다.

19. 『YES를 이끌어내는 협상법Getting to Yes: Negotiating Agreement Without Giving In』에서 로저 피셔Roger fisher와 윌리엄 유리William Ury는 윈윈 해법의 유

명한 사례 두 가지를 소개한다. 첫째 사례는 두 딸이 오렌지 하나를 서로 갖겠다며 다투는 상황이다. 지켜보다 짜증이 난 어머니가 오렌지를 반으로 잘라 한쪽씩 나눠준다. 그런데 두 딸 모두 만족하지 못한다. 왜일까? 큰딸은 오렌지 케이크를 만드는 데 필요한 오렌지 껍질을 원했고, 작은딸은 과육을 먹고 싶어 했다. 만일 어머니가 딸들에게 각자 원하는 용도를 물어봤다면 그들의 불만을 잠재울 수 있었을 것이다. 둘째 사례는 도서관에서 벌어진 일이다. 어떤 남자가 너무 덥다며 근처의 창문을 열어도 되는지 사서에게 묻는다. 하지만 그 남자 옆에 앉은 남자는 창문을 열지 않았으면 한다. 사서는 진정한 상생의 길을 알고 있었고, 두 남자의 좌석에서 멀리 떨어진 곳의 창문을 열기로 결정한다. 덕분에 두 남자 모두 만족한다. 이 두 가지 사례에서 알 수 있듯이 서로의 욕구와 동기를 깊이 탐색하면 얼핏 이질적으로 보이는 양쪽 당사자의 욕구도 모두 만족시킬 수 있는 해법이 도출될 때가 많다.

20. 워렌 패럴은 여러 해 전부터 남녀 차이에 관한 여러 프레젠테이션에서 이 주제를 언급하고 있다. 그는 자신의 책 『남자가 남자처럼 행동하는 이유: 남녀 간 역학관계』에서도 이 주제를 다루고 있다.

21. 올리비아는 헨드릭스가 1992년 11월에 워싱턴 시에서 열린 공동경계선 회의Common Boundary Conference의 커플 커뮤니케이션 워크숍에서 직접 이런 형태의 활동을 배웠다. 헨드릭스의 책 『당신이 원하는 사랑 만들기: 커플 가이드』에는 거울 기법의 다양한 형태를 비롯한 여러 가지 효과적인 활동이 소개돼 있다.

22. 존 그레이의 연애편지 기법은 『화성에서 온 남자 금성에서 온 여자』를 위시한 그의 몇몇 저서에 등장한다.

23. 피셔와 유리의 책은 윈윈 해법을 소개한 최초이자 최고의 교본 중 하나이다.

참고문헌 ———

금전 심리학

- *The Secret Language of Money*(audio CD set), Olivia Mellan. (CD 1: Take Charge of Your Money: Mastering Your Money Style; CD 2: Men, Women and Money: Overcoming Money Conflicts)
- *Crazy About Money: How Emotions Confuse Our Money Choices and What To Do About It*, Maggie Baker, Ph. D. (2010)
- *The Financial Wisdom of Ebenezer Scrooge: 5 Principles to Transform Your Relationships with Money*, Ted Klontz, Ph. D, Rick Kahler, MS, CFP®, & Brad Klontz, Psy. D. (2010)
- *Mind Over Money: Overcoming the Money Disorders That Threaten Our Financial Health*, Brad Klontz, Psy. D. & Ted Klontz, Ph. D. (2009)

재무상담사

- 공인재무설계사: http://letsmakeaplan.org
- 미국개인재무설계사협회(National Association of Personal Financial Planners, NAPFA): www.napfa.org
- 개럿 네트워크(The Garrett Network): www.GarretPlanningNetwork. com

재무 능력과 예산 편성

- *The Budget Kit: The Common Cents Money Management Workbook*(sixth edition), Judy Lawrence. (2011)
- *Creating Wealth From The Inside Out Workbook*, Kathleen Burns Kingsbury.(2010)
- *7 Money Rules for Life®: How to Take Control of Your Financial Future*, Mary Hunt. (2012)

남녀 차이

- *The Female Brain*, Louann Brizendine, MD. (2007)
- *Intimate Strangers: Men and Women Together*, Lillian B. Rubin. (1984)
  (비록 오래 전에 출간되었지만 이 책에는 여전히 남녀가 서로 알아야 하는 중요한 차이점이 담겨 있다.)
- *The Male Brain*, Louann Brizendine, MD. (2010)
- *You Just Don't Understand: Women and Men in Conversation*, Deborah Tannen. (2007)

아동과 돈

- *Raising Financially Confident Kids*, Mary Hunt. (2012)
- *Raising Money Smart Kids: What They Need to Know About Money and How to Tell Them*(Kiplinger's Personal Finance), Janet Bodnar. (2005)

남성과 돈

- *Why Men Earn More: The Startling Truth Behind the Pay Gap – and What Women Can Do About It*, Warren Farrell, Ph. D. (2004)

돈, 의미, 그리고 영성(靈性)

- *Blessing the Hands that Feed Us*, Vicki Robin. (2014)
- *The Energy of Money: A Spiritual Guide to Financial and Personal Fulfillment*, Maria Nemeth, Ph. D. (2000)
- *The Soul of Money: Reclaiming the Wealth of Our Inner Resources*, Lynne Twist. (2006)
- *Your Money or Your life: 9 Steps to Transforming Your Relationship with Money and Achieving Financial Independence: Revised and Update for the 21st Century*, Vicki Robin, Joe Dominguez & Monique Tilford. (2008)

과소비

- *Overcoming Overspending: A Winning Plan for Spenders and Their Partners*, Olivia Mellan & Sherry Christie. (2009)
- *Bought Out and $pent!: Recovering from Compulsive Shopping and Spending*, Terrance Daryl Shulman, JD, LMSW. (2008)
- *Cluttered Lives, Empty Souls: Compulsive Stealing, Spending & Hoarding*, Terrance Daryl Shulman, JD, LMSW. (2011)
- *To Buy or Not to Buy: Why We Overshop and How to Stop*, April Lane Benson, Ph. D. (2008)

은퇴와 노후(금전 문제에 국한하지 않음)

- *Couple's Retirement Puzzle: 10 Must-Have Conversations for Transitioning to the Second Half of Life*, Roberta K. Taylor, M. Ed., & Dorian Mintzer, Ph. D. (2012)
- *Project Renewment: The First Retirement Model for Career Women*, Bernice Bratter & Helen Dennis. (2008)
- *The Third Age: Six Principles for Personal Growth and Rejuvenation After Forty*, William A. Sadler, Ph. D. (2001)

지원 단체

- Deborts Anonymous: www.debtorsanonymous.org
- Gamblers Anoymous: www.gamblersanonymous.org

저소득

- *Overcoming Underearning: A Five Step Plan to a Richer Life*, Barbara Stanny. (2007)
- *Secrets of Six-Figure Women: Surprising Strategies to Up Your Earnings and Change Your Life*, Barbara Stanny. (2004)
- *Why Women Earn Less: How to Make What You're Really Worth*, Mikelann R. Valterra. (2004)

부유한 가정

- *Beating the Midas Curse*, Perry L. Cochell & Rodeny C. Zeeb. (2005)

여성과 돈

- *Money Shy to Money Sure: A Woman's Road Map to Financial Well-Being*, Olivia Mellan & Sherry Christie. (2001)
- *Kiplinger's Money Smart Women: Everything You Need to Know to Achieve a Lifetime of Financial Security* (Kiplinger's Personal Finance), Janet Bodnar. (2006)
- *Prince Charming Isn't Coming: How Women Get Smart About Money*, Barbara Stanny. (2007)

심리치료사, 재무 코치, 재무상담사 등을 위한 자료

- *The Client Connection: How Advisors Can Build Bridges That Last*, Olivia Mellan & Sherry Christie. (2009)
- *The Advisors' Guide to Money Psychology*, Olivia Mellan & Sherry Christie. (2002)
- *How to Give Financial Advice to Couples: Essential Skills for Balancing High-Net-Worth Clients' Needs*, Kathleen Burns Kingsbury. (2013)
- *How to Give Financial Advice to Women: Attracting & Retaining High-Net-Worth Female Clients*, Kathleen Burns Kingsbury. (2012)

감사의 글_ 올리비아 멜란

여러 지인들과 동료들 덕분에 이 책을 즐겁고 뿌듯한 마음으로 쓸 수 있었다.

우선 마이클 골드버그Michael Goldberg에게 감사한다. 그는 1980년대 초반 나와 함께 머니 하모니 작업을 고안했고, 금전 성격 유형을 최초로 개발했다. 그리고 내가 캘리포니아 주에서 심리치료사를 양성할 때 힘을 보태줬다. 당시 우리는 머니 하모니 작업 결과를 함께 발표하기도 했다.

내가 처음으로 제작한 워크북을 워커 앤드 컴퍼니Walker and Company(현재의 블룸즈버리)에 소개해 준 바버라 몬테이로에게도 감사한다. 워커 앤드 컴퍼니의 조지 깁슨 덕분에 그 워크북은 나의 첫 정식 책으로 탈바꿈할 수 있었다. 그는 내게 기쁨이자 영감의 원천이었다. 그는 그동안 진정한 친구로서 여러 차례 내게 도움의 손길을 내밀었다. 재키 존슨은 셰리와 내가 분명한 미래상을 그릴 수 있도록 도움을 줬다. 우리 두 사람이 출판 과정에서 모든 각도의 문제를 살펴볼 수 있도록 흔쾌히 양해해 주고 내가 이 개정판의 출판권을 다시 확보할 수 있도록 힘써 준 워커 앤드 컴퍼니 관계자들에게 다시 한 번 감사의 뜻을 전하고 싶다.

내가 운영하는 심리치료·코칭 사무실을 찾아온 모든 의뢰인들도 고마운 분들이다. 덕분에 금전적 기능 장애 같은 복잡한 문제를 깊이 이해할 수 있었고, 내적으로도 더 성숙할 수 있었다. 기꺼이 개인의 머니 하모니 과정을 고백해 준 덕분에 치유를 시작하는 방법, 재정적 목표와 인생의 목표에 대한 더 만족스러운 선택의 요령 등을 다른 사람들도 배울 수 있게 되었다. 감사하게 생각한다.

금전 심리학과 재무 코칭 분야의 컨설턴트, 금전 심리치료사, 워크숍 진행자 등으로 활약하는 매기 베이커, 에이프럴 벤슨, 린 호니에크, 도리안 민처, 바버라 미첼, 캐런 맥콜, 바버라 스태니, 테드 클론츠, 주디스 그루버, 주디스 바에게 고마움을 전하고 싶다. 내가 필라델피아에서 진행하는 라디오 프로그램과 원격 수업에서 만난 사람들에게도 감사한다. 그 중에서 특히 바리 테슬러, 레슬리 커닝엄, 루이자 포스터, 로라 롱빌, 미켈란 발터라 등에게 고마움을 전하고 싶다. 그리고 우리의 과소비 행태, 돈과의 관계를 개선하기 위해 노고를 아끼지 않은 비키 로빈과 고故 조 도밍게스에게도 감사한다.

재무상담사로 일하거나 재무설계 분야에서 활동하는 지인들인

펙 다우니, 딕 보드라, 메리 말콰르, 제니퍼 라자러스, 마리 드카프리오, 바버라 샤피로, 아일린 마이클스, 데이브 드러커, 캔디 카플란, 셰릴 개럿, 수잔 브래들리, 시시 엘리노프, 엘리자베스 제튼, 엘리너 블레이니, 로렌 로커, 캐런 램지, 릭 칼러에게도 깊은 감사의 마음을 전한다. 가장 정확히 표현하자면, 이들은 심리치료 교육자들이다. 아울러 셰리와 나의 완벽한 에디터이자 든든한 믿음과 따뜻한 우정을 보여주고 있는 《인베스트먼트 어드바이저*Investment Advisor*》의 편집국장 제임스 J. 그린에게도 감사한다. 나를 믿어주고 내가 금전 문제 분야에 특별히 기여할 만한 점이 있다고 평가해 준 이 분야의 모든 전문가들에게 감사한다.

개인적으로 절친한 친구인 낸시 던(내 아들의 '든든한 후견인' 역할을 맡고 있다)에게, 그리고 나와 함께 20여 년 전부터 커플 모임을 이어온 에이프럴 무어와 앤디 슈무클러에게, 그리고 내가 꽤 만만찮은 과정을 인내할 수 있도록 개인적 지원을 아끼지 않은 남동생 스튜어트와 올케 낸시와 그 가족들에게 감사한다. 사업적 재능, 우정, 관내함을 보여준 수잔 (샌디) 잉글랜드에게 감사한다. 나의 첫 번째 금전 성격 유형 테스트와 첫 워크북이 나올 수 있도록 힘써준 앤 앤더슨도 빼놓을 수 없다. 나의 원래 근무지였던 워싱턴 심리치료 길드 '가족'의 소중한 친구들인 루디, 스테파니, 앤, 레이첼, 조, 돈에게, 그리고 내가 마음속을 깊이 들여다봄으로써 '언행일치'를 실천할 수 있도록 도와주고 있는 루이즈 클록에게 감사한다.

개인적인 재정 생활에서 나는 남편인 마이클의 지혜에 힘입은 바 크다. 마이클은 사리분별, 균형감각, 냉철한 조언의 전형이다. 늘 타고난 검소함을 보여주고 솔직하게 의견을 밝히는 아들 애닐에게도 사랑과 감사의 말을 전하고 싶다. 아들 베넷과 스콧, 그리고 손자 손녀인 에이저, 카밀, 디제이, 이바 올리비아, 보딘 타데오, 그리고 며느리인 칼리사, 커리지, 헤더에게 감사한다. 내 곁에 있어줘서, 그리고 우리 집안에 즐거움을 안겨줘서 정말 고맙다.

끝으로 1995년부터 나와 함께 집필과 편집 작업을 진행해 온 멋진 동료 셰리 크리스티에게 깊이 감사한다. 그녀는 완벽한 동반자이다. 내 말의 의도를 정확히 파악하고 나의 메시지를 나보다 훨씬 더 효과적으로 전달할 수 있는 능력의 소유자다.

감사의 글_ 셰리 크리스티

1993년 3월의 그날 오후, 의뢰인용 소식지에 기사를 쓰려고 내가 인터뷰하고 있는 여인이 그 뒤로 20년 넘게 친구이자 동반자로 지낼 것이라고는 전혀 짐작하지 못했다. 올리비아 멜란을 통해 나는 사람들이 지니고 있는 돈에 관한 인식에 어떤 내적 원인이 있는지 많이 배웠다. 뿐만 아니라 직관적이고 역동적이며 명쾌한 심리학 고수高手가 가진 지혜를 기쁜 마음으로 닐리 알렸다. 지금까지 우리는 서로의 장점을 존중하고 효과적인 협업을 펼치면서《인베스트먼트 어드바이저》와 그 자매지에 수백 편의 글을 썼고 다섯 권의 책을 완성했다. 대학 동창이었던 우리 두 사람은 올리비아의 따뜻한 우정과 격려 덕분에 하늘이 정해준 듯한 협력관계의 동반자로 탈바꿈했다.

그 밖의 몇몇 고마운 사람들에게도 신세를 졌다. 이미 몇 사람은 세상을 떠났지만, 그들은 지금도 하늘에서 서로에게 농담을 궁리하고 있을 것이다.

우선 벡슬리 고등학교의 고급수학 담당 교사 존 샤흐트에게 감사한다. 그는 나를 마치 남학생처럼 대했고(남학생들 중 몇몇은 항공우주 기술자, 투자업계의 리더, 그리고 다른 분야의 전문가로 성장했다), 그에게 나는 모든 여성이 유창하게 구사할 의무가 있는 언어인 수학을 즐기는 방법을 배웠다.

말에 재미를 더하면 금전적 대가를 받게 된다는 것을 보여준《마드모아젤》의 편집·카피부장 메리 캔트웰에게 감사한다.

괴짜 작가가 노련한 마케팅 담당자로 변신하고, 몽상적인 이상주의자가 자유 기업의 신봉자가 되고, 젊은 여성이 남자들의 리더로 성장하는 법을 배우는 과정에서 지원을 아끼지 않은 4인방 빌 카이트, 론 카우먼, 듀이 에이브럼, 잭 혼터에게 감사한다. 네 사람 덕분에 나는 30세 이전에 부사장이 되었고, 내가 잠시 방황할 때 그들은 두 번이나 다시 나를 채용해 줬다.

콜럼버스에 있는 시티내셔널 은행(이후 뱅크 원에 합병됐다가 다시 JP모건 체이스에 합병된다)의 마케팅 책임자인 존 피셔와 존 러셀에게 감사한다. 피셔와 러셀은 뱅크아메리카즈와 현금 자동입출기뿐 아니라 본인이 아니면 지불 불가능한 아너 본즈Honor Bonds(당사자가 통보하지 않으면 국세청은 알 수 없다) 같은 특이한 아이디어로 기존의 은행업에 새바람을 일으켰다. 시티내셔널 은행은 미국에서 현금 자동입출기를 도입한 선두주자였다. 그들로부터 나는, 고객을 만족시키기 위해서는 규모보다 지성

328

이 더 중요하다는 점을 배웠다.

완료하기까지 몇 달이 걸리는 난해한 프로젝트로 나의 금융 관련 자유기고가 생활(올해로 22년째를 맞았다)에 시동을 걸어준 줄리 잉글리시도 고마운 사람이다. 줄리, 나를 믿어줘서 정말 고마워요.

여러 해 동안 내가 금융 서비스 분야의 다양한 사정을 탐색할 수 있도록 도와준 여러 의뢰인들에게 감사한다. 그들은 내가 만난 가장 멋진 사람들이다. 나를 선택해 준 점 정말 고맙게 생각한다. 제때 수수료를 지불해 준 99.9퍼센트의 의뢰인들에게 특별히 감사한다.

끝으로 O. M. 스콧 앤드 선즈(현 스콧츠 미라클그로)의 최고경영자였던 F. 리언 헤런에게 깊은 감사의 말을 전하고 싶다. 헤런은 40여 년 동안 나의 훌륭한 조언자였다(때로는 역할 모델로, 때로는 아버지나 스승 같은 존재로, 때로는 리더십이라는 책임을 알려주는 안내인으로 내 곁을 지켜줬다). 회사 정관을 소재로 그와 함께 진행한 작업은 즐거웠고 배운 점도 많았다. 그것은 훗날 『생각 나누기Sharing Some Thoughts』와 『한 남자의 의견One Man's Option』이라는 결과물로 이어졌다. 비교적 최근 그와 함께 내놓은 『회사원 만들기: 잠재력을 발휘하도록 유도하기Making Your Company Human: Inspiring Others to Reach Their Potential』를 완성하는 과정도 정말 즐거웠다.

그의 주장에 따르면 사람들을 이끈다는 것은 사람들을 상대로 무엇을 얻어내는 과정이 아니라 그들이 스스로 뭔가를 얻어내도록 유도하는 과정이다. 그는 시대를 조금 앞선 것일지 모른다. 그러나 장담컨대 그런 시대는 곧 올 것이다.

부자가 되는 심리학

———

2017년 11월 23일 초판 1쇄 찍음
2017년 11월 30일 초판 1쇄 펴냄

지은이   올리비아 멜란 · 셰리 크리스티
옮긴이   박수철
펴낸곳   솔트앤씨드
펴낸이   최소영
일러스트   도락
디자인   EHSOO

등록일   2014년 4월 07일 등록번호 제2014-000115호
주소   121-270 서울시 마포구 구룡길 19 상암한화오벨리스크 B동 314호
전화   070-8119-1192
팩스   02-374-1191
이메일   saltnseed@naver.com

ISBN 979-11-953729-9-7 (03320)

———

이 도서의 국립중앙도서관 출판예정도서목록(CIP)은 서지정보유통지원시스템 홈페이지(http://seoji.nl.go.
kr)와 국가자료공동목록시스템(http://www.nl.go.kr/kolisnet)에서 이용하실 수 있습니다.(CIP제어번호:
CIP2017029427)

솔트앤씨드
솔트는 정제된 정보를, 씨드는 곧 다가올 미래를 상징합니다.
솔트앤씨드는 독자와 함께 항상 깨어서 세상을 바라보겠습니다.

"내 안을 들여다보니 그 안에 답이 있었다!"

예상치 못한 위기를 만났을 때 기본으로 돌아가는 법

정은희 지음

"사람은 위기를 겪으면서 성장한다. 그런 사실에 대한 깨달음을 주는 책."

_ 한근태 한스컨설팅 대표

"빈부 격차보다 무서운 건 생각의 격차!"

30여년간 고전 · 철학 · 문학 · 역사에서 찾아낸 7가지 생각 도구

야베 마사아키 지음 | 이예숙 옮김 | 264쪽

"친절한 말투인데 가슴을 콕콕 찌릅니다."

_ 독자 고옥선(회계사)

"도대체 나는 어떤 삶을 살고 싶은 것인가!"

7살 아들, 아내와 함께 떠난 90일간의 배낭여행

추성엽 지음

"엊그제 같던 청춘을 아쉬워하며 내려갈 길을 찾아야 하나 싶어 답답함 때문에 읽은 책."

_ 예스24 독자 just×××××××

"당뇨, 고혈압, 비만, 아토피…… 근원은 '당'에 있다!"

3개월 만에 17kg 뺀 의사의 체험

니시와키 슌지 지음 | 박유미 옮김

"탄수화물 중독에서 벗어나니까 간식 생각이 나지 않아요."
_ 솔트앤씨드 카페 독자 비니빈이 님

"그동안 단 것을 너무 많이 먹었어~!"

차려먹을 필요 없이 한 그릇으로 끝내는 식이요법

허지혜 지음

"가벼워진 몸, 편안해진 눈, 맑아진 머리…… 컨디션이
좋아져서 대만족입니다."
_ 솔트앤씨드 카페 독자 동이할매 님

"위산 과다의 시대, 췌장을 쉬게 하라!"

저탄수화물 고필수지방 음식치료

이권세 · 조창인 · 채기원 지음

"고혈당과 고혈압이 정상치로 돌아왔어요."
_ 솔트앤씨드 카페 독자 은2맘 님